為了活得明白，
我探索生命

新序

因為愛，所以探索生命

王南

2023 年 3 月 27 日於荃灣辦公室

本書以《關於抓「蟹」，說的其實是沒有癌症的世界》（下稱《抓蟹》）」為標題在 2011 年 11 月自資第一次出版；後來在 2011 年至 2014 年間繼續自資再版了兩次，讀者大多數為親戚朋友及公司的「粉絲」。

2011 年至 2023 年這 12 年間，世界發生了巨大及急遽變化，我個人也經歷了人生中最重要的階段，從家庭、事業、人際關係、個人成長等，各方面都有非常茁壯和豐盛的成長……

本書出版至今已經十多年，為什麼這本書還會一直重新出版，甚至出版至第四版呢？我認為是因為這本書所寫的內容涉及一些「永恆性」的話題 —— 生與死、生命的價值、科學的意義。藉着講述身邊的親戚朋友患癌、治癌、離世；陪同他們經歷疑惑、震驚、恐懼、無奈、希望、失望、絕望等各種情緒，讓我從中思索生命和科學本質是什麼？我們應該怎樣看這世界？這些話題是不會過時的。

為了活得明白，我探索生命

經過 3 年的世紀疫情，大家對健康更為重視了。但是，重視健康、注重保命的同時，我們對生命有新的領悟嗎？生活中我們有新的行動嗎？

今年 3 月份政府公佈取消口罩令，大家不用戴口罩了，各種社交活動驟然以幾何數目般增加。在過去的兩三個星期裏，我出席了不少私人聚會及大型公益活動，與此同時，我內心亦暗暗湧出那種在 2011 年寫這本書時「為人類擔憂」的心情，很多懷疑又湧上心頭⋯⋯作為人類，我們太容易放鬆警覺性了。歷史不斷重演，人類不容易從教訓中獲取經驗，然後去改變自己，超越自己，不犯同樣的錯誤，做得比過去更好。看見大家摘下口罩後，「拚命的」想過回以前的生活，大家是否需要安靜下來？撫心自問，從 3 年的世紀疫情中我們學到了什麼？我們應該怎樣往前走？

出版社跟我商討關於書中一些引用的數據，還有西醫、中醫治療癌症的方法等事實，要不要做一些修正或補充。我想了想，回答說不用了。這本書是那個時候寫的，那個時候的我是怎麼看這件事情，就讓它保持原汁原味吧！

科學一直在進步，新的取代舊的，或者說，後來者在舊的事物上接着往下說。

十多年來，科技在飛速的發展，不論是西醫還是中醫，對各種疾病的治療都有突破性的進步。例如基因編輯技術就是一項世紀性的新科技，它已經超出我們現時對醫療的概念了，它的應用不再是

「你有病，我來幫你治病，吃藥打針開刀」這樣的層面，它不是被動的，它是主動的。在我看來，它跟傳統醫療技術已經沒有太多的直接關係。基因編輯技術是藉着生物物理學、量子化學、納米生物學等多種學科的一種集合科技。我們應該怎麼樣看待它對人類帶來的價值呢？我想這個話題和 10 年前我對科技的看法在本質上是沒有區別的：它只不過是另一個工具，一個新工具而已，最重要的是使用這新科技的人！

以描述世界的運作方式為例，早期古希臘哲學之目的論，被後來的牛頓機械物理論取代，正當人們以為「嗯，牛頓真的很『牛』！世界真的是這麼運作的啊……」誰知機械物理論又被量子力學的隨機論取代。你有沒有想過，幾千年過去了，科學家所描寫的大自然本身並沒有改變，改變的只是他們的觀察方式。

從過去一直到現在，科學家其實都是在某一種典範的規範下工作，並服務人類，大家都承認、承諾和信守這一典範。這種科學的典範規定了什麼樣的事情我們可以接受，什麼樣的事情不能接受，或者，什麼樣的事情我們可以去探索……就這樣，我們決定了科學的形式和內容。真的是這樣嗎？

《抓蟹》這本書會用一個新標題出版，寫此序時，還沒有新書名。寫這書的「原始動機」是希望能夠引導人們「懷疑身邊的事物」，尤其當這些事物跟我們的生命和健康息息相關的時候。書中述說癌症的方方面面，實際是藉癌症作為一個媒介，真正想述說的是「癌症背後的那個因」。為什麼我們身處的世界會是現在這個樣

子？我們必須往人類的、自己的內心去探索原因。

多年來，偶然我會拿出這本書翻開來看看，書中許多篇章仍然會深深打動我的心。現在正在寫這篇序的時候，我又隨手翻開這本書，正好翻到第十一章，講的是一個名字叫 Grace 的女孩的故事。她在患癌症離世前最後的那段時間，我有緣去幫助她，從而觸碰到一個寶貴生命的脈搏跳動，瞭解到她的生活，並被深深地感動。讀到自己當時經歷的具體情節時，感覺血液在體內加快了流動，內心震顫不已，眼中含淚，她那不幸的生活和遭遇仍然深深的震撼我。因為我知道，我們身邊一定還有許多個「Grace」，在命運的旋渦中掙扎。

說到癌症，不能不提及死亡，在這本書的第十章「要快樂」裏，我選用了愛默森的詩文〈悲歌〉。他這篇文是為悼念因病去世的 5 歲幼子而寫的。每次讀這首詩的時候我都會流下眼淚，被愛默森強烈而深沉的情感和優美的文字感動，從而產生強烈的共鳴。這是一種發自人性深處的善良、同情、悲憫，是很深沉的一種情感。

詩人在詩歌裏面探討了生命的價值和意義：人活在這個世界上的價值是什麼？更重要的，當我們的肉身消亡時，我們會去哪裏？從而對宇宙、對上帝充滿敬畏和信賴。我想這一切都來自於愛吧。也正因為我們每個人內心都有愛，渴望付出愛和被愛，所以，我們還算能把這個世界維持得蠻不錯的。

今天早上吃早餐的時候，跟太太講了一個很有趣的話題，就把

它寫進這個序，作為本序言的結尾吧：

我說，我們每天早上坐在飯桌旁吃早餐，吃完早餐之後你去學校、我去公司，中午各自又要吃午餐，晚上下班回家，又坐在同一張飯桌旁吃晚餐，我們兩隻可愛的小狗每一餐都陪在我們旁邊，一切看起來都很自然、平凡，充滿樂趣和享受……

但是，如果你把自己從「我」這個角色抽離出來看，你會覺得這一切好像一個遊戲的場景一樣，因為它的內容是不停地重複的。我們兩人有各自的事業和成績，物質生活也蠻豐富的，但還是感覺到有什麼地方「好似有問題」—— 似乎身邊的一切事物都在重複再重複。什麼會不停的重複呢？不就是遊戲場景嗎？

回想我們在電腦裏面玩遊戲，從簡單的第一級開始，玩到後面難度高的級數。有些複雜的遊戲，可能要玩幾個月才 game over。在遊戲的過程中，你也從非常弱小、或戰鬥力不強、或不夠富有，一直玩到遊戲中較高級時，你就變成一個很強大、有豐富經驗的玩家，當然，這時往往遊戲也就結束了。你過足癮，獲得滿足感，同時你也不想再玩這個遊戲了，因為你已經知道過程和結局，很難從中再次獲得滿足。這時你就會把舊遊戲放在一邊，重新開始新的遊戲，如此重複。

人生不也是這樣嗎？只不過人生的遊戲更複雜、更龐大、更長一些。所以，如果你不去思索和追求人生的意義，只沉浸在遊戲的情節裏面而不能自拔的話，你也許很快會覺得「原來遊戲情節在不

停的重複着」這一事實，一旦你察覺到這一點，遊戲就會變得很無聊。

　　那麼，是什麼讓你在這個人生的遊戲裏面能夠持久活得有意義，而不會變得無聊呢？是滿足感，優雅的説，是由存在價值而來的幸福感。在我看來，個人存在的意義和價值，是為宇宙、為他人而存在的，所以服務眾生、服務周圍的人和事，讓他們從你身上獲得益處，生活變得更快樂美好，這大概就是最大滿足感的來源，而且恆久不衰。

再版自序

王南

2014 年 4 月 3 日於大圍大利（興隆）茶餐廳

　　近一年來，手機上多了許多關於身體保健和民間養生之道之應用等文章。你幾乎每天都會收到朋友發的這類資訊，什麼「古法養生」、「原來癌症是這麼回事」、「不可不知的健康小知識」等等；題材、內容不勝枚舉。朋友之間的資訊交流，竟然大多是講關於身體健康的，這的確是件過去大家預料不到的（或不會做的）事；也可以說，交流健康資訊似乎是件頗為時髦的事。不過我有時會好奇，這些通過微信、WhatsApp 發訊息給朋友的朋友們，他們自己是怎樣生活的呢？他們有早睡嗎？他們有選擇多吃些所謂有益的食物嗎？他們有多喝水嗎？他們有長期保持愉快、滿足之心境嗎？有次我問幾個一起吃飯的朋友，各人在過去的一個月裏，究竟花了多少錢在自己的健康上？大家竟然語塞，沒有人能回答這個問題……「健康」二字人人都認為重要，但什麼是健康，怎樣才能健康，似乎又變成一種只限感覺、實際上並不能實質抓住什麼似的東西了。

　　對，這麼說其實對了！「健康」二字本身的確不是一個實在的東西，似乎健康背後的什麼東西才是實在的。那「健康背後的什

為了活得明白，我探索生命

麼東西」是什麼呢？無論健康是什麼、背後意義何在，健康肯定不是個偶然的東西，或一種隨機性的狀態，而是長期累積出來的一個客觀結果。反之，我們一樣可以說，不健康也是長期累積出來的一個客觀結果。這樣說，沒有不科學吧。「累積」二字背後關乎到看法、習慣、固執、堅持等這類東西，累積的結果無論是正面抑或反面，都來自一個重要的原因：我們的生活態度。

啊，原來是態度決定了一切。你同意嗎？

近半年本人因編輯第二版而重讀了本書幾次，可以肯定地告訴你，它仍在打動我，使我流淚、感嘆；同時，它也鼓勵我，並啟發我從更新的角度去理解書裏的信息。這本小書寫的，其實就是關於健康生活的態度。有了正確的生活態度，才會有正確的生活方式，才會有健康的身體，才會有幸福的人生。希望這本小書能夠帶給各位一定程度的啟發，重新思考，甚至調整自己的生活態度，繼而去影響身邊的親人、朋友。

我在第二版加添了章節和小標題，這樣能幫助讀者更好地閱讀。另外，第一版有不少錯別字，本人也花了不少精神修改，一邊改一邊出冷汗。希望第二版錯別字的情況會有所改善；但也不敢擔保完全不出錯，請各位讀者見諒！謝謝！

自序

王南

2011 年 11 月 16 日早晨於沙田家

自今年年中成立了我自己的公司以來，身邊許多親戚朋友、學生和學生家長們，都非常關心和鼓勵我；同時，他們也非常好奇：「他怎麼現在搞這些東西？」這本書大概能滿足大家一部分的好奇心吧——不過，這顯然不是寫此書的唯一目的。

從構思，不，應該是在一陣衝動之下決定寫這本書直至寫成，用了不到兩個月的時間。這個進度，連我自己也有點吃驚。

我是個基督徒，相信上帝在任何時候都在造嶄新的事務，而不是創造這個世界之後，就不繼續理會它了。相反人類自小受教育和文化的薰陶，他們中間大多數人只接受和做司空見慣的事。有多少我們現在認為司空見慣的事，在當初對不少人來說是不能接受的。例如地球不是宇宙的中心、行星的軌跡不是正圓的等等。有多少人為了追求真理而付出了寶貴的生命。

使我放心的是，無論這本書引起哪些人的反對，我肯定自己是不會有生命危險的。頂多只是被人笑我「天真」或「無知」。

希望本書能引起人的懷疑心。因為我相信，懷疑的動機乃是要為新的信心和成功鋪路。任何人如果忽視了這個動機，他也是忽視了真正的科學。

值得讀一下這本書

中國著名女賽車手
譚穎 (Rose TAN)

　　認識王南先生是我作為演講嘉賓的一個慈善團體午餐會上，他在答問環節提出了一個關於汽車的問題。後來才得知他其實正在研發汽車環保的產品，想以自己的微弱之力最大限度地保持，甚至改善我們賴以生存的地球環境。再後來得知他不僅關心人類生存的環境，更關心人類本身的健康。

　　就這樣我閱讀了他關於癌症的這一本書的第一版。我很吃驚地發現，王南先生所講述的一些想法與我的認知很相似，但他思考得更深刻和透徹一些，有時能啟發我打開更多的思路。這也許是與他做過教師工作有關吧！

　　我周圍的親朋好友中，患上癌症的非常少，只認識一位車友患了鼻癌。他是一位開武館教授功夫的師傅，精神狀態非常好。我聽說他患上鼻癌之後不久，他就被醫生建議去做化療，再過一兩個月見到他時，鼻子都是腫的，頭髮也突然間變得稀稀落落。後來聽說化療作用不大，他按照醫生的建議又去做了手術，開顱手術。手術後沒多久，眾位朋友請他吃飯，主要是想帶他出來開心一下。這一

次嚇了我一跳，才沒有多久，他已經完全變了，整個面目完全擰巴了。戴着一頂帽子，帽檐壓得很低，可能是怕嚇到別人，只能從半邊臉依稀看出他以前的模樣。大家都在跟他開玩笑，努力讓他的心情變得愉快，但一個好好的人突然變得連吃飯視物都困難，心情又怎麼能好呢？又是沒過多久，就聽說他去世了。這整件事情讓我覺得，如果癌症進入晚期，化療沒有用，做手術也沒有用。

這也讓我覺得王南先生這本書也許對我們所有人都是有用的——你要正確地把握自己的健康。把疾病擋在它來臨之前。我們周圍有很多愛我們、關心我們的朋友，比如我一位很要好的女性朋友，有一次聽到她老公對她說：哎呀我太胖了！女朋友立刻說：你再胖我也不嫌棄你！然後繼續用各種她老公喜歡吃的肥膩食物餵他。愛人是好事，但也要正確的方法，我跟這位女朋友說：你再這麼餵你老公，他上年紀時身體問題就會多了。

我父母是八十多歲的老人家，身體健康，這是老天賜給我的天大福氣。我不放心的是父親太節省，吃不完的飯菜會一直留着直到吃完為止。我告誡他很多次剩菜有致癌物質他總是不聽。母親自從我離開家後有時候會不開心，我知道心情對健康的重要性，所以每次她要訴說，總是讓她盡情說到沒得再說，包括對父親的種種不滿。發洩完之後，她就會照常去老年人俱樂部繼續教別人唱歌跳舞。

母親告訴過我關於健康的一點我一直記得，她說：是藥三分毒。所以從小，如果不是病得特別厲害，如果不是需要立刻投入工

作，我通常不吃藥。最常見的感冒，吃藥我是 7 天好，不吃藥我 7 天也好了。在我的概念裏，吃下去的藥，一部分醫好了你身體的病症，另一小部分毒素就積存下來，就像白色垃圾被扔進自然，雖然歲月可以慢慢將它降解，但需要太長的時間。後來搬來香港，由於腿痛看香港的醫生，幾乎每次看醫生都開止痛藥，附帶還有一包胃藥。需要跟胃藥一起服用的止痛藥，那該有多麼強大的殺傷力啊！我大部分止痛藥放到過期就扔了。很多人都會自然地認為有痛症就要吃止痛藥，或者在患處塗些藥膏。但你們有沒有想過這些藥的作用實際是讓你的患處暫時麻痹，讓你感覺不到，但卻完全沒有去除你的病源。

我們的社會不僅醫療愈來愈先進，食品也愈來愈豐富，衛生也愈來愈清潔，但同樣地疾病也愈來愈多。為什麼？王南先生提到一個概念：能量。以我的知識和智力完全無法明白這一領域，但我總覺得大自然充滿神奇的力量。比如很多人都知道曬太陽可以補鈣，這存在在太陽光線裏的力量是多麼奇妙啊！這也讓我想到香港現在的天氣比以前潮濕了，所以製作的臘味都無法像以前一樣借助充足太陽的光線曬乾，而是在暖房裏烘乾。我們的食物裏又缺少了怎樣的能量？

現在，我們聽到周圍年紀輕輕就猝死的人愈來愈多，死亡似乎距離我們愈來愈近。無論你是否理解自然的神奇，無論健康狀況怎樣，都值得讀一下這本書，分享王南先生的想法，也許可以給你帶來另一個看待健康的角度，不僅是防止癌症，而是防止疾病發生在

自己身上。

文筆暢順　不忍釋手

杜堅能醫生 (Alex DOO)

　　我和王南交往有不少日子了。我所認識的王南，是一位出色的音樂家、虔誠的基督徒和非常有智慧的人。他很會刺激身邊的朋友，和他交談，總是獲益良多。音樂、天文、地理、哲學、文學、科學他無一不通，無一不曉！他像一本活着的百科全書，有着如磁場一般的吸引力，吸引着朋友……他不會默默地接受一般人從不質疑的事，反而常常會用自己的思考去作判斷。

　　當我閱讀他的作品《關於「抓蟹」，說的其實是沒有癌症的世界》時，令我產生了很大的共鳴。一直受傳統西方醫學教育的我，也非常贊同他的一些觀點。他對中醫的鑽研和理解，更令我欽佩！在書中，他道出了現今世界中、西醫學應走的大方向，那就是防患勝於治療，而治療必須是全人化的。不能只是頭疼醫頭、腳疼醫腳，而是應用合理的、科學的治療方式，讓病者不論是在精神或物質層面，都能過有質量的生活。

　　他用自己人生的閱歷和不懈學習所得到的知識累積，與讀者分享生命和生活，並啟發和提醒大家，要做一個會思想的人。不要人云亦云，要遠離羊群效應！

為了活得明白，我探索生命

我特別欣賞的是這本書的寫作風格，看來是他經過計劃，用了許多心思來寫的。他採用了如「微博」式的短巧段落方式，充分滿足了現代讀者對信息即時的需求。文筆暢順，不忍釋手。

　　我等待又有什麼奇蹟發生……只因為有王南！

醫者王南

香港中文大學前文學院院長
梁元生教授

初識王南，是因為王南的琴。只見他的手指在琴鍵上飛躍，美妙的琴音就在教堂中盤旋。

再深入一點認識王南，是因為他的音樂。他譜出來的曲調，和他撰寫的詞句，既能通俗，卻又出塵，彷彿鬧市煩囂中一股淙淙清流，既悅人之耳目，又沁人之心肺。有時，曲中還透出天籟，正人心神，或者啟迪內心追求神聖和高貴的動力。

再識王南，是因為他的筆。他把教琴的心得，筆之於書。一個教師對學生的關懷和焦慮，對孩子成長時的感受和照顧，透過筆墨，娓娓道來，文筆細致而感染力強。

我很高興王南繼續寫作。這次又叫我有新的驚喜。王南的筆還是那樣細致流暢，有許多地方寫得非常真摯動人。但最叫我想不到的是他這次所寫的主題——癌症。他透過寫身邊認識的人身受癌症之苦，也寫身邊之人的痛；書中也表達了王南對中醫和西醫的看法，尤其是對化學及放射性治療的不滿。那些創傷性和破壞性的療法，讓病人多延一些時間，但活得痛苦，也活得沒尊嚴。與此同

為了活得明白，我探索生命

時，王南也發表了他對現代社會不斷發展、破壞地球和捨本逐末的看法。

從本書之中，我再認識到一個新的王南——醫者王南，特別是他對中醫的知識，相當豐富，同時也涉及印度古醫學和當代世界的一些醫學常識和理論。當然，這僅僅是王南的另一面。書中也透露了他對生活、對朋友、對宇宙和自然的一些哲思冥想，還有對保時捷汽車的愛好。

我要鼓勵王南，拿起筆桿，再給讀者們多寫幾本好書！

癌症是否能預防？

陳悅明 (Louis CHAN)

王南先生是傑出的音樂家、鋼琴老師，也是我的家庭好友。雖然我倆的職業不同、宗教信仰不同，但每次會面都有說不盡的話題。王南求知、開放的思維，使他對事物有深入且獨特的觀點。

我本人並非從事醫療行業，由於父親因癌病去世，使我對西醫之療法有直觀的體驗。十多年前，父親從發現癌症到離世不到 6 個月，其間接受開刀、化療及放射治療等目前西醫對癌症的主要治療法，醫生團隊也是香港有名的。在治療期間，我親歷其境，父親身心狀況急轉直下。治療期間的好轉只是曇花一現，生活談不上有任何質量，最終在身體極度虛弱下離去。今天回想我心仍有無限的傷痛。如事情發生在今天，我又是否讓父親接受西醫的治療，我沒有答案。人始終一死，是否能在相對有生活質量的情況下離世呢？

現今癌症是活在我們身邊的。究竟怎樣預防？如不幸自己患有癌症或至親朋友患有癌症，自己會怎樣處理？怎樣治療？這些問題好像很遙遠，但事實上又很接近。

除了對抗性的開刀、化療及放射治療，是否還有其他的選擇？

癌症是否能預防？

　　身心互為因果，產生癌症的環境是否因為人類無窮慾望而被建造？食品安全問題是否是人類貪求企業利潤所產生？

　　癌症是果，那麼它的因、它的緣又是什麼？

　　王南先生在書中寫的事例、疑問及反思，為我們提供了新的思考座標。目前在香港每 3 個去世的人中，其中一人是因癌症去世的。此時我們又怎能不思考這個關於自己及親人切身的問題呢？

目錄

第一章

表哥得了癌

「一個把病人僅有的基本能量都消滅的療法，不可能
是一個好的療法。不可能！」

我不是癌患者

你們大概以為我是一位癌患者，是一位抗癌勇士。其實，我只是一個健康的普通人；或者可以說，是一個不普通的健康人。

我想問問大家，在你們身邊的親戚朋友中，有多少人患癌？有多少人因患癌而失去了生命？又有多少人患癌症後能夠徹底康復？

你能幫助他們嗎？

你如何幫助他們？

幫助他們，一定是你的願望。

幫助他們，是我寫這本書的動機。

我不是科學家，更不是醫生，但是我有決心和信心。這個決心和信心來自我的信仰、我的專業、我的發明（或稱發現），還有因這個發明而展開的第二個事業。正是這第二個事業，把我帶上了立志改善人類健康的這條路上。你知道全世界最多人看得懂、又會開口說的英文單詞是什麼嗎？不、不，不是「OK」，而是「Coca Cola」。中文翻譯得也棒，「可口可樂」。現在問你一個絕不可樂的問題：全世界最多人害怕患上什麼病？恐怕答案是一致的，我甚至不需要把這個病的名稱寫出來吧！

第一

關於癌症我有幾個「第一」。

第一次聽到「癌」這個字，是在上世紀七十年代末的中國。那時，我剛從兒童時代進入少年時代；那時，文化大革命剛剛結束，人們也因此能探頭探腦，了解外面的世界和大事了。有次在大人們的聊天中，我聽到了「癌」這個字，之所以這個字會引起我的注意，是因為這個字從小到大從沒聽説過；而且它的發音也很特別，加上看着大人們臉上談論它時那不尋常的表情，就知道這個字非同小可，因此印象特別深。20 年後，當時告訴大家癌症是一種新疾病的，是那位我父母的朋友，他因膀胱癌去世。

第一次經歷家人患癌、治癌，並因此而失去生命的家人是我外父。他患的是肺癌。那是本世紀初的事。第一次到末期癌患者家中探訪，並用自己研發的產品幫助這個朋友，是今年（2011 年）8 月底的事。他患的是胚胎細胞癌。第一次專程去書店買關於癌症的書，是同年 9 月初的事。書名是《癌症不是病》。在此我要感謝此書的作者，他開啓了我對癌症的新思路。另外，我寫的這本書中關於癌症的一些重要資訊，有不少也是從這本書中得到的。

治療效果的疑問

自從開始對中醫人體經絡循環理論有興趣並自學這套理論以來，我開始懷疑，癌症究竟是不是我們現在認知的「那個病」，更

懷疑用化療和放射性治療的成效。道理很簡單，如果這些療法對癌症有效的話，那些患上了癌症，以及怕自己患上癌症的人，應該不會談「癌」色變吧？！

事實上，就我們的經驗所得，凡是被確認患了癌症的人，等於是宣判了他的死刑。患者的生活和心情受到致命的打擊，家屬、朋友也從此生活在一片愁雲慘霧中。為什麼呢？

答案很清楚，癌症沒有辦法醫治。如果有任何一種被廣泛採用的療法，對癌症是有效果的話，我們應該不怕癌症。你喉嚨不舒服，你不會馬上想到死。我的意思不是說，癌症和喉嚨痛一樣沒什麼了不起，而是懷疑目前治療癌症的方法。

地球不是正圓形

不記得是在什麼時候，從一篇圖文並茂的雜誌上，知道了原來地球不是正圓的。看着有些似「梨」、真的不「那麼圓」的地球照片時，我真的有些震驚：「不可能，地球應該是圓的啊！」如果你告訴一個上幼兒園的小朋友，我們住的地球是全宇宙最大的星球，他一定相信並且會記住。他還會進一步肯定這一說法，如果地球不是最大的，怎麼可能會有那麼多的人和東西在它上面。

我們習慣於接受已知的事物。這些被我們學習和接受了的事物，在我們的頭腦裏建造了一座四方城。

我們也習慣了只看事物的表面，很少去追究它潛藏的可能性；

為了活得明白，我探索生命

當然，人事是非除外。總之，我們很難去懷疑什麼，除了你想懷疑
的人。

第二

　　我開展的第二事業，是製造環保、養生、護膚產品，為改善人
類的生活品質服務。

　　第二個因患癌而被奪走生命的家人，是和我感情最好的表哥。
他患的是骨癌。

　　第二本想寫的書就是現在正在寫的。前幾年寫過一本書，朋友
介紹了一家出版社，他們看過初稿之後，決定馬上出版。他們真的
有眼光，那本書很快發行了第二版。那是一本關於教鋼琴的生活的
書。

表哥得了癌

　　表哥是一個身材高大、非常聰明和幽默的人，說話的時候動
作和表情都十分豐富，任何時候和他在一起，我都會非常輕鬆和
快樂。他很會講笑話，一件平凡的事，從他的口中說出來時，馬
上變得有吸引力。他心地善良。我父親的這句話不知說過多少次
了：「你（指我）和你表哥一樣，太善良了，心太軟！有時不能這
樣。」本性改得了嗎？

2006 年暑假，在北京的姑媽家碰上表哥，他當時身體不適，正臥牀休養。靠在牀上的表哥一邊操作手提電腦一邊和我聊天，他以一向輕鬆幽默的語氣告訴我：「那個中醫懷疑我是不是得了癌，還推測可能是骨癌呢。」

表哥停下操縱電腦鍵的手，抬起頭，眼睛沒看我，反而望向牀前面的牆壁，好像看到牆外的遠方：「得什麼癌都好，別他媽真的是骨癌。聽他們說，骨癌不好治，而且到後來特別痛，我可不想受罪啊！」雖然表哥說這話時像平時一樣面帶笑容，仍然蠻幽默的，但從他的嘴角上，我看到了一絲恐懼在上面。在我的印象裏，表哥從來沒病過。那天，看着躺在牀上休養的他，我心裏有一股不祥的感覺。

瘦得不像人

再聽到表哥的消息時，他已被確診是末期骨癌，正在武漢市腫瘤醫院接受治療，時間是同年 9 月。我馬上安排自己 10 月去武漢探望他。當表哥知道我要去看他時，馬上哭了……激動過後，脫不了幽默的本性，對病牀旁邊的人說：「我這個弟弟是個漢子！」

10 月中的某一天，我到了武漢。下了飛機，先去探望我的三姑媽和三姑父，他們就是那兩位傷心的父母。三姑媽是個十分有修養和堅強的人，腰板直直地坐在櫈子上對我說：「南南，你要有心理準備，你哥哥瘦得不像人！他真是受盡了折磨。又是化療，又是手術，唉，真是可憐啊！我不想再去醫院看他了，我受不了！」

逃離腫瘤環境

　　駕着保時捷跑車去又一城商場的路上，我那受刺激而緊繃的神經馬上鬆弛了下來。我住在 14 樓，近一個月來，17 樓有裝修工程。每天從上午 9：00 至下午 6：00 是合法的裝修時間，各種不同的噪音頻頻不絕地由樓上傳來。鋼筋水泥的大廈結構，為這種噪音製造了一個完美的共振體，把大大小小的音波「送進」你的耳朵。我最難忍受的，是那強烈但又沒什麼規律的鑽牆聲。我肯定，那聲音就是某種「癌細胞」。

　　你的身體會（當然包括癌細胞在內）對自身能否接受的刺激度有準確的界限，一旦越界，你就會有反應。聽到強烈又無規律的鑽牆聲，我馬上心慌，繼而不安、煩躁，接下來全身的神經全部繃緊，腦子不能集中。這就是訊號，你的身體防禦系統在用它的「語言」告訴你：「你必須採取行動！」

　　我立即穿好出門的衣服，拿了幾本書，到停車場取了車，離開了家。毫無疑問，我剛剛逃離了一個可能會誘發癌細胞突變的環境。

　　現在我坐在一家咖啡店內，喝着一杯熱巧克力咖啡。在柔和的燈光下，隔壁桌有位小姐在獨自看書，另一桌有兩位小姐在聊天，不時傳來輕鬆的笑聲，好像老朋友重逢，再遠的那一桌有兩個穿西裝的男士和一位衣著隨便、胖胖的女士，他們都在看着一部電腦的屏幕討論着什麼；不遠處的櫃枱那邊不時傳來咖啡機做 Cappuccino

的打奶聲，還有，咖啡店內輕柔的音樂聲。

　　毫無疑問，我的身體（包括體內的癌細胞）接受了我選擇的新環境。現在我平靜、放鬆，思路重新清晰，腦子反應敏捷。我身體的這些反映，正是身體的防禦系統解除警報的「通告」。

　　現在我正在安靜地繼續寫這本書。德國籍印度古醫學醫生安德烈・莫瑞茲 (Andreas Moritz) 在他所著《癌症不是病》*一書中寫道：「人體在每一天中，都會製造出幾百萬個癌細胞。有些人在短暫的極度壓力下，會比平常製造出更多的癌細胞，且聚集成團。但當他們感覺較好時，癌細胞就會再度消失。」他又指出：「根據醫學研究，DNA 的強力抗癌物——白血球素 2(Interleukin-II)，在身體及精神受到壓迫時，分泌會下降，而當人放鬆或快樂時，會再度增加。」

　　無論何人，在何時、何地，都要為自己創造一個不讓癌細胞生長的環境。

* 安德烈・莫瑞茲：《癌症不是病》，皮海蒂譯，原水文化出版，2011 年。

是癌？還是治療方式？

　　無論自己有多少思想準備，在病房見到躺在病牀上的表哥時，仍然震驚不已、不敢相信自己的眼睛。暑假在北京碰到他距今不過才短短 3 個月，他那高大的身軀好像縮小了一倍，雙眼深深地陷在眼眶裏，像一隻只剩下骨架的老狗，無力的癱在那裏。我坐在他身

邊，握住他那隻輕得好像飄在空氣中的手，説不出話。我只能咬住牙，用堅定的眼神給他鼓勵。而他幾乎是在我一踏進病房，眼淚就奪眶而出……

現在我才知道，我也非常肯定和毫不懷疑：不僅僅是癌症令他受盡折磨，身體變得如此慘不忍睹，還有腫瘤醫院消滅癌細胞的各種療程。

「生命不息，化療不止。」這是國內腫瘤醫院流傳的一句順口溜，它道盡了醫治癌症的現狀和無奈。

毫無疑問，表哥沒有選擇地搭上了這列「單程火車」。

能量就是健康

表哥告訴我，他現在最大的心願，是在離開這個世界前，能再到香港看看。我鼓勵他：「要用飲食配合。藥物不能給你能量，但食物可以。」「我當然知道……」表哥無力地苦笑：「但我一點胃口也沒有，就算想吃一點，也沒力氣，而且吃下去的那點東西，還拉不出來。」

西醫目前對癌患者治療的方法有 3 種：化療、放射性治療（電療）和手術切除。前兩項治療的副作用非常大。這些療法會導致病人嘔吐、免疫系統被削弱、掉髮、嘴巴潰爛、腸壁組織壞死等等。無數致命的副作用當中，首當其衝的是，病人因這些療法而失去維生的能量。按照中醫學五千年的人體經絡氣血循環的理論，能量就

是氣，是血液循環的根本動力；按照生物物理理論，中醫所謂的「氣」，其實就是人體臟腑、細胞共振的頻率。

一個人的基本維生能量都被削弱了，哪有氣力去抗病？！

化療會明顯降低你的紅血球含量（當然還包括白血球），這是化療一種不可避免的副作用。紅血球下降，直接影響體內 600 至 1,000 億個細胞的氧氣供應，細胞得不到足夠的氧分，輕則代謝能力下降，重則缺氧壞死。就像一個人，你不給他食物，輕則無力做事，營養不良，重則會餓死。因此，癌患者總是感到不尋常的疲倦，而他們以為這是癌病本身的直接影響。

我探望的那位末期癌症朋友告訴我，他的主診醫生告訴他，他的健康情況最多只能再接受多一次化療。他拿出幾張檢驗報告，指着報告上的數字告訴我，每一次接受化療時，他的白血球含量都大幅度下降，而當完成該次的化療後，白血球含量雖然有回升，卻再也不能恢復到未做化療之前的數目。也就是説，每做一次化療，情況就再差一些！不知他還是否了解，白血球過低，會導致他的骨髓造血功能衰竭，他極容易被感染，發高燒。這些客觀的、致命的威脅，僅僅靠堅強的鬥志能撐多久呢？探訪他的那天，他手中緊握那幾份醫療報告，問我：「Nick，我究竟還做不做這最後一次化療？」望着日光燈下他蒼白的臉，我想了一下，回答説：「我是不會再傷害自己僅存的健康的。」

沒有能量，就沒有了希望和歡樂，就可能失去回復健康的機會！

一個把病人僅有的基本能量都消滅的療法，不可能是一個好的療法。不可能！

有效果，難治癒

治療「有效」和治療可以「治癒」，兩者間是有根本分別的，許多癌症病人都把這兩者混淆了。藥廠、醫生有沒有也把這兩者混淆呢？

根據資料，美國藥品檢驗機構 FDA 對「有效」癌症藥物的定義，是指可縮小腫瘤體積百分之五十以上，持續達 28 天。換句話說，假如當 40 天後，腫瘤再度復發，長回超過百分五十時，你不能控告該藥物無效。而醫生就拿「這些」指數作為進一步治療、開藥的標準和指引。

這合理嗎？這科學嗎？

這個標準能夠給癌患者治癒癌症或延長壽命的機會嗎？

對世紀「頭號疾病」就是這樣一個測試標準？

我覺得這個標準讓人發笑，令人想哭，使人憤怒！

大多所謂藥物發揮了作用，成功控制住了病情，就是指這種測量到「腫瘤縮小了」的標準，而不是以患者死亡率來作為指數計算。我們的醫生到底是「治癌」，還是「救人」？

當多數癌患者需要（或是被要求）接受化療時，他們明白「有效」同「治癒」的分別嗎？有人清楚引導他們去正確理解，以至患者自己能更清楚地選擇自己想要的療法嗎？

法律有「灰色地帶」，原來用藥也有「灰色地帶」！用藥的「灰色地帶」對病人所帶來的後果，恐怕和法律的「灰色地帶」所帶來的後果有不同吧。

逗留武漢的 3 天期間，我共探望了表哥兩次。每次中斷探訪，是因為表哥要「大便」。表哥沒有力氣起牀，也沒有力氣自己大便，需要靠僱用的家護，徒手把硬得像小石頭一樣的大便，一粒一粒的挖出來。「我到底做過什麼？」他扭頭對着牀邊的牆壁：「你哥哥一點尊嚴都沒有了啊！」說完這句，再扭回頭，雙眼直望着天花板，不再出聲。

我無言以對。我非常難過。

我大步走出醫院。

在那一刻，我忘了癌症，忘了醫院，忘了表哥怎樣「大便」，忘了鼓勵他康復……不要治療，不要專家，不要特效藥，不要，什麼都不要……我只要……表哥像個人！

我只要表哥像個人！

我知道，我已失去了這個表哥，因為他不再幽默。

癌症不可怕

　　每個人都怕自己得癌。我肯定他們怕的原因，大半是因為治療癌症的方法和最終的成效。

　　大家都知道化療、放射療法可怕的副作用；大家也知道經過這些折磨人的療法之後，患者最後的下場。但是我們為什麼仍然選擇採用這些方法呢？

　　我所指的我們，並不包括藥廠或者醫生。

　　因為這不是醫學問題，而是消費常識問題。

　　在朋友們的飯局閒聊中，不止一次地聽到，某某的朋友是腫瘤科醫生，他說，如果自己得了癌的話，是絕對不會做化療的。

　　「他當然不會，因為他知道後果。」張三聰明地肯定。「那他為什麼還給病人做化療？」李四更聰明，且帶正義感地問。

　　在朋友們的飯局上，你會得到最新的、十分準確的、非常有用的最新消費信息和資料。比如哪裏的日本菜好吃，哪裏新開了一家私房菜餐廳，哪裏才可能買到真正的有機食物，吃哪個中醫的中藥包你生仔等等。他們同時也會告訴你，哪家的日本菜昂貴又徒有其名；新開的那家私房菜老闆大有來頭；哪裏賣的有機食物其實不完全是有機的，要看清楚包裝；千萬不要去看哪個中醫，因為他其實不怎麼樣等等。我肯定，當你有需要時，你肯定會想起飯局上朋友

們的忠告，並且付諸行動。因為你知道，朋友們絕不會騙你。而且
還有一點你非常肯定，他們是有知識、有眼光、有品味的精明消費
者。

因此，如果不幸你有家人或者好友得了癌，不妨請你認真地考
慮一下在某次飯局上，朋友所聽來的那位腫瘤醫生說過的話。

這位醫生說的是真話。

對我們來說，這真的是個消費常識問題。

這家日本餐廳不怎麼樣，我們可以試另外一家；這個中醫不怎
麼樣，我們總能找到令自己滿意的郎中。

這種化療的藥不行，我們換。換一個更好的、名副其實的。

換一個更好的、名副其實的？我們有嗎？

一根稻草

你根本沒有選擇！從政府、醫院到慈善機構；從家人、朋友到
同事；在多數人的觀點中，彷彿化療是最有效的療法，是唯一的希
望，是一根救命稻草。

讓我們回到常識問題上來。目前，在治療癌症的方法上，被最
多人採用的療法就是化療；雖然腫瘤醫生和患者都知道它的效果和
後果，但他們為什麼仍然選擇它呢？

醫生選它我們也許不難理解，但你為什麼選它呢？

現在產生出了一個哲學問題，因為矛盾太明顯了。一般來說，多數人認為是好的事物，就會得到多數人的擁護；多數人認為不好的，就不會有人擁護。這是合乎邏輯的。但在化療這個問題上似乎出現了反邏輯現象：多數人認為不好的化療，卻被最多的人選擇了。

無論如何，事實是，多少患者在生命的最後一刻才真正明白到化療的代價，但這個代價大得要命啊！

化療真的只是你抓住的一根稻草，它救不了你！

平衡

八十年代有部我很愛看的電影叫《異形》。《異形》是一個殺傷力大、有智慧的無機物，它口中、身上流出來的，是一種晶狀的濃稠液體，腐蝕性極強，可以滴穿好幾層太空船的甲板。那些地球人在和這些異形作戰時，如果不小心沾到了這種液體，身上穿的裝甲立即被灼穿，直傷到骨肉。

注射進癌患者身體的化療藥物也有一定毒性。

當然，病人要承受用藥物的副作用（現在的科學只能如此！），也正是基於這樣的態度，我們不應忽視化療和其產生的功效之間的平衡。以病人的治癒機率和病人身體能承受的副作用，來作為「化

療有效」的衡量標準，這樣的想法科學嗎？可行嗎？

我相信，這些一定是科學家正在努力的目標。但是，在尚不能達到良好的平衡前，我們該怎麼辦？

「堅持就是勝利」這句鼓勵人的名言，用在哪都行，用在誰身上都行，唯獨不能用在化療和癌患者身上。癌患者要牢記的應該是：「化療如苦海，回頭才是岸！」

事實

中國著名腫瘤臨牀專家李忠博士在《改變癌狀態》一書中，記載了這樣一項研究結果：「波士頓癌症研究所曾對 917 名晚期癌症患者進行兩種治療——攻擊性治療和姑息性治療的對比研究，以便查驗哪種方法更好。所謂攻擊性治療就是化療、放射性療法對癌細胞進行消滅性攻擊；所謂姑息性治療就是放棄實質性治療如化療、放射性治療，僅給予對症性治療，說白了，就是發熱了打支退熱針，吃不下飯輸點營養液，疼痛時用點止痛藥等等。按道理說攻擊性治療是積極的治療，效果應該好；姑息性治療則顯得消極，效果應該差吧。結果卻出人意料之外。選擇攻擊性治療的患者其生存時間比姑息性治療者要短，其死亡率比後者還高出百分之六十。什麼原因呢？患者只知道攻擊性治療能殺死癌細胞，忽略了這種療法也會殺死好細胞。最後，患者未死於癌，卻死於攻擊性治療。而姑息性治療儘管什麼都不做，但也未傷及人體，效果反而優於前者。」

為了活得明白，我探索生命

　　我的一位學生告訴我，她的老爺和舅舅差不多同時患上肺癌，老爺馬上接受化療，舅舅卻選擇不做任何治療。兩人在差不多的時候去世，但接受化療的老爺足足受了 10 個月的折磨，而舅舅只是在去世前三天辛苦一點。

　　學生說的事，道出了兩個事實：一個是接受化療的病人和他的生活質量；另一個是不接受化療的病人和他的生活質量。

　　美國癌症協會在 2008 年對該年的癌症死亡率作了預計，會有 565,650 個男女死於癌症。這個數目比 2007 年多了 6,000 人。在一個公認擁有全世界最先進和最成功醫療設施和體制的國家，這個數據代表了什麼，是非常清楚的：現在普遍採用的治療方式是錯誤的；因為它無效。

　　德國籍印度古醫學醫師安德烈・莫瑞茲 (Andreas Moritz) 在《癌症不是病》* 有這樣一段文章：備受尊敬的德國流行病學家亞伯博士 (Dr. Ulrich Abel)，針對之前所有對化療藥物的主要臨牀研究進行了詳盡的調查。亞伯博士聯繫了 350 家醫學中心，請他們把所有曾發表過與化學治療相關的資料寄給他。他也分析了數千篇刊登在最有名望的醫學期刊上的科學文章，亞伯博士花了好幾年的時間收集並評估資料。他的流行病學的研究報告〈進展性類上皮癌的化療：關鍵性回顧〉(Chemotherapy of Advanced Epithelial Cancer: a critical review)，應該會改變每位醫生和癌症患者對使用最普遍的治療方法來治療癌症和其他疾病的風險的看法。在這份研究報告中，他下了個結論：「所有化療的成功率都是低得可憐的。」這個報告進一步

指出：「在目前的研究中，沒有任何證據顯示化療能『延長罹患最常見器官癌症的病人生命。』」

根據國際癌症預防聯盟 (CPC) 的資料，1971 年，當時的美國總統尼克遜簽署了一份「向癌症宣戰」的國家醫療計劃，美國「國家癌症研究機構」(NCI) 獲得 651 億美元的巨額研究經費，開展了對抗癌症的研究和實踐。事隔 30 年，2002 年 CPC 無奈地宣告：「我們輸掉了這場戰爭。」

* 安德烈．莫瑞茲：《癌症不是病》，皮海蒂譯，原水文化出版，2011 年。

產品合格嗎？

你去超級市場買東西，沒有一樣東西是不合格的。如果有食品出了問題，哪怕是一丁點問題，晚上的電視新聞裏，就會有消費者委員會的發言人出來發布消息，電視台也會同時採訪一些消費者，問東問西，如臨大敵。最後，代理宣布回收市面上所有同類產品。

面對一種療效有問題、有巨大副作用的藥物，為什麼沒有人投訴？為什麼沒有人在電視上發布消息？為什麼沒有代理回收產品？

無法治癒，無法改善生活品質，含致命的副作用，我們為什麼不放棄這種藥物呢？

還有，這件我認為不合格的產品，其售價和它的功效一樣讓人震驚。剛看到電視上一則報道，一種最新的治療肝癌的特效藥，一

次療程要港幣 200 萬……

中醫治療癌症藥方的價格，也不甘示弱。我探訪的其中一位患癌的朋友，他每星期看一次中醫，診金加配藥，收費 21,000 元人民幣；處方單上還寫上 7 折優惠……

教會一位姊妹告訴我，她學校的一位患胃癌過世的女同事，生前用盡自己一生的積蓄，最後還賣掉自己住的房子，希望能用最好的醫生和藥物，挽回自己的生命；她說自己才 47 歲，要爭取。但她並沒有因為投資到治療的巨額金錢而活下來。如果說這就是昌明的醫學帶給人的福利，是否表示我們其實還有許多地方需要進步、改革？！

你不會怪她沒買保險吧？

這些人不是在買奢侈品。他們只是想活命！

飛躍進步的科技、昌明醫學的含義，難道不包括讓有需要的人伸手可及嗎？

我不懂。我想你們和我一起找到答案。

為了活得明白，我探索生命

第二章

瓜皮帽

「沒有選擇，他就無法滿足自己，不會快樂；最重要的，他也無法維護自己的尊嚴。我再也忍不住了，放聲大哭……」

表哥走了

2007 年 5 月上旬的一個清晨，我接到武漢堂哥的電話：「他今天早上 5：05 走了。」堂哥是最多去醫院探訪表哥的家人。表哥住院治療的後期，他的父母和妹妹，也就是我的三姑媽、三姑父和表姐，已經沒有勇氣去面對不成人形的表哥。我知道，那是因為他們一家人非常和睦恩愛。

表姐甚至「不想」參加表哥的火化儀式，她計劃（找理由）在出殯那天到外地公幹。我記得在三姑媽住處樓下的小路旁，我鼓勵表姐：「你想逃避送他的最後一程，是因為你們兄妹感情非常好，你怕自己臨場崩潰。」表姐一聲不發地望着地上，「聽我説，如果你不送他最後這一程，將來一定會非常後悔的。當你完全平靜下來後，你會恨自己當初的決定，而且這個自責就會像癌細胞一樣擴散，折磨你一輩子。」表姐抬頭看着我，欲哭卻無淚。「聽表弟的，換了是你，你也會這樣勸我的。你現在是人在悲中。」說完這番話，我用雙手緊緊抓住表姐的雙肩。不過，三姑媽和三姑父沒有去送表哥最後一程。他們倆都八十多歲了，如果堅持要白頭人送黑頭人，是否太殘酷了？

我父親也喜歡這個外甥，父親也是這個表哥從小到大的「偶像」。表哥去世的消息傳來，我知道這個做舅舅的有多悲傷。但父親在我面前沒有太多的表露什麼。這個巨大的悲傷，隱藏在父親少有的沉默中，這一點我肯定。還有，他是不會和我一起回武漢的。

有時，當我們面對一個巨大的悲傷時，竟然像面對一個肥皂泡一樣，不敢觸碰它。

表姐親自主持她哥哥那簡單的追悼儀式。她準備了講稿，發言的時候，卻泣不成聲，無法言語，拿着講稿的手不住地顫抖……我站在旁邊，心裏不住地説：「姐姐，你來對了！你盡情哭吧，盡情悲哀吧，不要把它們埋在心裏。」

和太太一下飛機，堂哥就帶我們去醫院的太平間，我早有決定，一定要看看表哥最後的樣子。

瓜皮帽

表哥已被化了妝，臉上被塗抹了一層不自然的紅色，看得出還被小心地打了粉底。但這一切遮不住那表情：那是一個不平靜也不痛苦，像是很焦急想知道什麼答案似的表情。

他的頭上戴着一頂黑色的傳統瓜皮帽，一絲乾癟的頭髮不小心地露在前額中間，身上穿着一身全新的西裝，腳上還有一對新皮鞋。

看着表哥這身打扮，我在想，就算表哥怎麼幽默，他一定不會喜歡這頂瓜皮帽的。我了解這個躺在太平間冰櫃裏的表哥：「雖然你已被冷凍得像一條冰棍一樣，但你一定不會喜歡這頂瓜皮帽的。」裝着表哥遺體的冰櫃，被工作人員慢慢地推回冰櫃裏時，我又看了一眼那頂表哥一定不會喜歡的瓜皮帽，它完全不配他的氣質

啊。之所以他現在戴着，是因為他沒有選擇。

沒有選擇，他就無法滿足自己，不會快樂；最重要的，他也無法維護自己的尊嚴。我再也忍不住了，放聲大哭……

癌症——最後的防線

許多人都知道，癌症是因為癌細胞的基因突變，變成的一種惡性腫瘤。不過，有多少人知道癌細胞的基因突變，是為了自己能夠在無氧且極端惡劣的環境下生存、改變自己的一種求生方式？本來和其他人體細胞一樣，靠氧氣才能生存的正常癌細胞，在氧氣被剝奪的情況下，重新編寫基因程式，變成新的癌細胞，以便能繼續存活。對它們來說，這是一個勝利。這個戰勝你體內惡劣環境的「勝利者」，它就是今天人人懼怕的癌症。

什麼是細胞缺氧？是什麼造成細胞缺氧？是誰造成細胞缺氧？

你，當然是你；不是癌細胞！是你先病了，才有可能生癌；而不是你生了癌，所以你病了。這個概念非常重要！

你為什麼病了？

中醫的經絡氣血循環理論，說的就是血循環和健康的關係。人體內 1,000 億個左右的細胞，是依靠血液供應養分的。每個獨立的細胞如同一個獨立的人，它會吸進氧（氣），呼出二氧化碳，以維持生命和正常的代謝。一旦細胞得不到供血，它馬上就會出問題，

就像你在牀上突然被人用枕頭搗緊口鼻。

細胞缺氧，即中醫所謂經絡不通，氣血受阻的結果。缺氧給身體帶來的影響非常廣泛。從手腳麻痺，到感冒發燒，從頭痛失眠，到器官受損等等。

持續惡劣的生活環境，例如強烈噪音和污濁空氣、負面思考、長期壓力、不良食物、過量食物、缺乏睡眠、憤怒、極大恐懼、中毒等等。這些均會影響和改變細胞的行為，使之失去平衡。正常的細胞功能受到妨礙，直接影響你的新陳代謝和免疫力，使你不再健康。

簡單地總結：癌細胞變種是一種症狀，不是病因。它的出現，代表了你的心理和生理健康出現了非常嚴重的問題，「最後的防線」被築起了。

癌細胞是你體內比較有智慧和能力的細胞，你聽過這個說法嗎？它們既然為了生存而改變自己，是不可能故意去摧毀自己賴以生存的環境的。

看到「最後的防線」出現，你要立即採取行動。

採取什麼行動？

好吧，再把它說白一些。如果你的父母或妻子或管他是誰，這些關心你的人常常提醒你：注意飲食，多喝水，不要太晚睡覺，有

事別悶在心裏等等，而你又從來不聽，那麼現在，就在這「最後的防線」出現的時候，你該聽了——不，是該行動了！

真科學

從了解人體健康和疾病之間那非常巧妙的因果關係上看，中醫理論是一套較有説服力的理論。

中國人普遍都有一點中醫常識。如果他們病了，他們會想想自己昨天吃了什麼？晚上睡覺有沒有蓋好被子？如果你咳嗽，你會問大夫：「真難受，晚上我一躺下就不停地咳！」大夫一般也不會大驚小怪：「是不是坐起來好些？」，「是啊，早上起牀時也會咳，而且喉嚨好痛，但過一會又好像好些，一到晚上又來了。」你也參與了診斷，開始對大夫有信心了。「幫你補補肺，你肺虛。」大夫開始處方：「你早上喉嚨痛，是因為晚上睡覺循環力下降，氣血不夠，病菌會活躍一些。」大夫一般不會解釋得深奧複雜，怕你聽多了，反而問更多問題。不過你還是追問了一句：「我是熱咳還是寒咳？」，「告訴你，咳嗽最難治。」大夫不正面回答，繼續處方：「病人入門説咳嗽，屋裏大夫皺眉頭。」大夫説完這句順口溜，把處方塞到你手上。

大夫不正面回答是熱是寒，他是對的、科學的。他知道，就算此時熱，下次也許是寒了；人是活的，會受環境的影響而發生生理變化。他不把症狀説死，是從整體考慮病情，是辯證的，所以也是科學的。當然啦，他不把症狀説死，也是考慮到面子的問題。

為了活得明白，我探索生命

其實這是西醫的困境。每個會思考的人，想想就會知道，症狀是疾病的反應，而真正的病是在「背後」；但西醫至今仍然把症狀當病治。你只治療症狀，而不從整體去治理形成症狀的原因，怎麼能根治？怎麼會合理？

李忠博士在《改變癌狀態》提到：「從中醫角度看，癌症其實是一種全身性疾病的局部表現，如果我們過多重視局部病變的治療，就忽略了患者的全身情況，可能造成患者更大的痛苦。」

如果治癌的理論和實踐建立在「治標不治本」的基礎上，那它科學嗎？

治標和治本

好中醫能「治未病」。他先從脈象、舌苔了解到你身體的基本循環和平衡，結合你身體的表面症狀，進而追蹤到身體裏頭的那個真正病源，再來個先下手為強，沒等那病站穩，就把它打倒。

實際癌症就是典型的「久病成疾」。這也是為什麼癌症難治。你從醫生手上拿到化驗報告時，使你有「癌症」的那個「根源病」早就在你體內築成了一座堅固的堡壘，再加上「投城」的癌細胞的力量，這時就算你動用千軍萬馬，也未必能動它分毫。

耳膜因中耳炎穿了洞，西醫施手術，用你身體某部分的皮膚，補救穿洞的耳膜，使你的耳膜回復健康狀態，在這個例子上，我們應該說西醫是科學的。

一個只會懲罰離家出走少年的社工，不會是個好社工；實際上也不會有這樣的社工。

一個只想着消滅腫瘤的醫生，不會是好醫生；實際上我們有無數這樣的腫瘤醫生。

黑骨頭

《水滸傳》裏武松手刃他嫂子及追殺西門慶那一段，令人看得痛快、解恨。武松雖然是一介勇夫，卻不失頭腦。他查問一切和案有關的人和證據，最後從何九叔手裏得到證據：十兩西門慶賄賂的銀子，還有因中毒而變得烏黑的兩塊武大郎的骸骨。

何九叔面對衝動的武松如何解釋，《水滸傳》裏描寫到：「西門慶取出這十兩銀子付與小人，吩咐道：『所殮的屍首，凡百事遮蓋。』小人從來得知那人是個刁徒，不容小人不接。喫了酒食，收了這銀子，小人去到大郎家裏，揭起千秋旛，只見七竅內有瘀血，唇上有齒痕，係是生前中毒的屍首。」「……第三日，聽得扛出去燒化，小人買了一陌紙去山頭假做人情；使轉了王婆並令嫂，暗拾了這兩塊骨頭，包在家裏。這骨頭殖酥黑，係是毒藥身死的證見。這張紙上寫着年月日時並送喪人的名姓。便是小人口詞了。都頭詳察。」（《水滸傳》第二十六回）

表哥沒事了

　　火葬場的職員，把處理好了的表哥的骨灰交到我們手上時，問在場的人：「他是你們的什麼人？」我答道：「是我表哥。」「他是不是得癌死的？」「是啊。你怎麼知道？」「那就不奇怪了，他那兩根最大的腿骨，有些地方都變黑了，是什麼這樣毒，連骨頭都毒黑了。」「哎呀，是嗎？這我們不清楚，真的嗎？」另一個表姐搶着回答。「我們也見過其他得癌死的，有些骨頭也是黑的。」富有同情心的職員環顧我們：「這些不幸的人真可憐啊！」

　　那兩根大腿骨早已被敲碎，方便裝進骨灰罈。我沒去翻看表哥的骨灰。我眼前不停地重複一個情景：裝載表哥遺體的鋼架牀拉出火化爐時，表哥那高大的肉身變成了一具完整的、已成灰的淺白色骨架。

　　一個生命就這樣劃上了句號。

　　我抱了抱滾燙的骨灰罈，然後將它交到堂哥的手上。

　　表哥再也不會失去什麼了。

為了活得明白，我探索生命

第三章

這隻蟹

「奢侈品能夠俘虜無數人的心，新的抗癌產品應該能
夠挽救生命。」

這隻蟹

這隻「螃蟹」（Cancer）何時出道的？宋代東軒居士所著《衛濟寶書》第一次提到「癌」字；相信這是中國最早關於癌症的文獻。西方醫學文獻幾時有明確地談及癌症，我在寫這本書時，還沒查到。

知道也沒什麼意義。

但有一點我是肯定的：在這整整一個世紀的時間裏，醫學的發展是驚人的，癌症的發展更是同時躍進。為什麼？

中國衛生部公布的 2006 年居民主要死亡原因統計顯示，惡性腫瘤已成為中國人的其中一種主要死亡原因。

香港食物及衛生局 2009 年數據顯示，癌症已成為香港其中一種主要致命疾病。

癌症和醫學，誰贏了？

這隻「螃蟹」橫行人間近半世紀是個不爭的事實；說它給人類帶來的災難同世界大戰相比，也不會有人提出反證。

許多病對人類都有影響，其中不少一樣會奪走生命。為什麼偏偏癌症如此肆無忌憚地威脅我們呢？

我深信，現代的中、西醫學的科學家，在發現有隻這樣的「螃

蟹」橫行世界時，就捲起袖口，動手要消滅它了。我也相信，滿頭大汗的他們同時也發現，原來「這隻螃蟹」不好捉！中西「捉蟹」專家們一齊捉，一捉，捉了五、六十年。情況如何？結果愈捉愈多！不僅數目愈來愈多，種類也愈來愈多。

主動還是被動

我認為現在的西醫學，看似進取，實際上是一種被動的學科。人病了，我們才去醫治；它是在「人病了」的客觀情況下，去研究、發展和實踐的一種學科。你同意嗎？

如果你有 100 個金幣，會拿多少金幣去研究如何治病？又會拿多少金幣去研究人如何可以不生病呢？

你的肺有問題，他們便花許多金錢和時間，去研發一個能治肺病的藥物；你的胃有問題，他們便去研發一個能治胃病的藥物。藥物治不好，他們便把你有問題的器官割掉，還告訴你，他們的刀法非常乾脆俐落，你有問題的那些東西已經乾乾淨淨了。

「但是，無論如何我們還是治好了你，讓你渡過了危險期，你活下來了呀！」

「好，謝謝！我這個病算治好了。但外面有成千上萬的人可能會生和我一樣的病，既然你們已有方法治了（雖然我覺得可以用更好的方法），為什麼你們現在只是坐在這裏等生病的人來，而不去研究令他們不會生這個病的方法？」

不論吃藥還是開刀，你都要付款；他們不會因為他們的藥物無效而免收你的手術費。而且，病愈重，收費愈高。醫療這門生意也太霸道了點吧！

我們能沒病嗎？我們能病少一點嗎？

相比我們的科學家用在研究怎樣治病上的錢，用在研究怎樣少生病、不生病上的錢太少了。我們已經把人體結構，從皮肉骨頭到細胞分子都徹徹底底地分析了，除了靈魂。我們發明、生產許多醫療儀器，好檢查我們的身體有沒有病；而這些天價儀器的功能，卻只是確定你有沒有患你最怕的、花費巨額金錢都治不好的病。

我所說的預防，跟你的想像可能有不同，我不是在談論什麼疫苗之類的東西。況且，所有的疫苗都會破壞你天生的免疫力和身體自我修復功能。

癌症的發生，是一個人在生理、心理、時間和環境的綜合影響下產生的，因此，預防癌症的發生，也應該綜合以上幾種因素來研究。這可能會和現行西方醫學產生矛盾；也就是說，現行西方醫學解決不了這個問題。

科學像一個「小孩」，懷着強烈的好奇心，跟着前面叫做「未知」的巨人跑，想追上他，好看到他的正面……

我們已經追了好多個世紀，我們還會不停地追下去。

這是科學的使命。

小孩是不會放棄好奇心的。

近代西方醫學的發展和實踐，是建立在古典物理學基礎上的；大家都知道，古典物理是分析化和原子化的，它以每個系統中最微小部分的表現來為整體定論，卻忽略了整體的相關性。哲學上，這應該屬機械唯物論吧。

一般來說，人都習慣把一些東西系統化；換句話說，喜歡選擇簡單的東西（我就不喜歡餐牌太厚的餐廳）。但是我們這充滿靈氣和智慧的人體，以及和我們息息相關的大自然是無法簡化的。

西醫的分科制不就是系統化、機械唯物論的產物嗎？

今天是 9 月 11 日

「911」這 3 個數字對我有 3 個特別的意義：我的寶貝女兒是 9 月 11 日出生的；我最喜愛的跑車是保時捷 911 車系，而我現在的座駕就是一輛 2002 年的 911 turbo；最令我震驚和痛心的大事件是「911 恐怖襲擊」。

今天是 2011 年 9 月 11 日，事發至今整整 10 年，電視上正在播放有關「911 事件」的影片。「911 事件」是地球的「癌症」！

重看雙子塔倒塌的鏡頭，重溫奪走三千多個無辜生命的畫面，

我不再盲目悲痛；我知道，我看到的是「病症」，不是「病因」。

放下恐懼，和平就會啓程；一旦有了愛，「癌症」自然消失。

適當的

治療癌症，是中醫有效還是西醫更有效？先不說西醫；我肯定，若以醫治原理和目前臨牀實際功效來比較的話，中醫有相當的優勢。

做中國人還是蠻有福的，你看下去就會同意。

古希臘衡量美的定義是：適當的，就是美的。這個衡量什麼是美的標準，本身就是適當的。對於健康飲食、生活習慣，我們也可以說，適當的，才是健康的。那麼治療疾病呢？怎樣治療癌症才是有效果的？我回答：「當然是適當的，才有可能有效果。」

中醫以整體論和辯證論來治理疾病。俗語道：「醫人不醫病」，就是強調「以人為本」的治療手法。這點在治療癌症上非常重要。

是用「以癌為本」，還是用「以人為本」作為臨牀治療癌症的思路和手法，是西醫和中醫本質的分別，也是目前從醫生到患者都愈來愈重視的問題。

西醫的主要治療方法，是用化療、放射性治療以及手術，其目標只有一個：盡快消滅癌細胞。消滅不了？就用刀割。這些療法無

可避免的給患者帶來了嚴重的，甚至致命的副作用。怎樣把握好療效和副作用之間的平衡關係，一直是西醫十分重視的問題。是的，他們一直都十分重視，因為他們在療效和副作用的關係上，一直嚴重地失去了平衡。這點他們自己是最清楚的。

在中國的舊時代，教育子女的態度和做法是「棍棒底下出英雄」，做錯事，說錯話，就會打到你怕，罵到你哭；子女身上一旦出現任何不聽教的「癌細胞」，做父母的不會去管子女這麼做的心理環境和客觀誘因，馬上用極端的手法「消滅」子女的過犯。現代管教子女的方法發生了根本的變化，別說用打、罵這些「極端」的管教手法，連對子女開解、表達、勸阻等都要小心態度和用詞，為什麼？因為社會進步了。成千上萬種教育子女的參考書籍、報紙專欄的報道，還有社工的呼籲，都使我們清楚知道：教育子女要從子女本身出發。

父母要做的首要是愛和寬容，再來就是啓發引導為本，以身作則為輔，給予時間、空間，使子女在不會傷自尊、沒有壓力，只有健康和快樂的生活中，去改變，去成長。

有一次旅行完坐飛機返港，飛機降落後在跑道滑行時，我座位後面傳來這樣一段對話：「媽咪，我好急啊！」那是一個小女孩的聲音，「剛才不是提醒過你嗎？你怎麼不聽？你總是這樣！」媽媽很大聲，不然我也不會注意，「我好急啊！」小女孩央求着，「你再吵啦！」媽媽提高了嗓門，「信不信我打你！」小女孩開始哭了，「告訴你！」這位媽媽下了最後通牒：「你要是尿在褲子裏，

我一定打你！」

　　西醫造成過度治療的原因很多，除了療法本身的客觀原因，還包括醫療制度、患者本身以及家屬求癒心切等等原因。一幕幕的「抗癌記」，不停地在已有千千萬萬失敗的臨牀結果後，繼續上演着……

　　治病是為了「這個人」，而不是為了「這個病」，這是所有合理的、真正的醫學的標準和價值。就這點來說，中醫比西醫確實要領先一步。

精銳軍隊

　　暗殺拉登的美軍「海豹」特種小分隊，是支精銳部隊。他們的意志和體力都是受過特別訓練的，有和奧運選手一樣的槍法和搏擊技術，有野獸般的求生能力，總之，有各式各樣普通人沒有的能力，以應對可能發生的情況。在擁有這麼多技能的同時，他們還必須具備一樣絕不可少的特質：超凡的智力。這些精英中的精英，在突擊拉登行動之前，特別建造一座和拉登的大宅一模一樣大小的模擬建築，突擊隊員在裏面模擬各種可能發生的情況，當一切成熟時，他們才對現實中真的拉登大宅發動奇擊，一舉擊斃拉登。

　　擊斃拉登，是一次只許成功不許失敗的行動，因為它關乎到許多無辜的生命。治病救人，也是只許成功不許失敗的行動，因為它關乎到患者寶貴的生命。

為了活得明白，我探索生命

聽過不少的朋友説，癌症之所以難治，是因為我們的免疫系統出了問題：它們不認得癌細胞，以為是「自己人」，而不是敵人，所以不施以攻擊。我的一個朋友，他對中、西醫都有一定的研究，並且製造過一些保健產品。「宇宙中最精鋭的部隊，就是我們人體裏的免疫大軍，它們在體內保衛你的安全，一旦有敵人出現，它們馬上出動，迅速殲滅敵人。」朋友繪聲繪色地講給我聽，「但癌細胞很狡猾，它們會扮成好人、朋友，令免疫大軍認不出來，它們就能在你體內胡作非為了。」「好像拿着免死金牌一樣。」我補充一句來助興。「對呀，你理解得真快！」朋友不知道，其實當時我心裏有個疑問：「既然是宇宙中最精鋭的軍隊，怎麼會上這樣大的當？」我沒向這位朋友正面提這個問題，這不是叫別人難堪嗎？

其實這兩點他説得都對：癌細胞確實是「好人」，免疫大軍確實不攻擊癌細胞。但這兩個現象要結合時間來説。時間是關鍵，在某一階段時，癌細胞會「蒙蔽」免疫大軍，而在另一階段時，癌細胞又會變成真正敵人，而免疫大軍這時就會全線出擊。

看看專家安德烈‧莫瑞茲（Andreas Moritz）怎麼説：「為什麼免疫系統要和癌細胞合作（不是認不出），以製造更多或更大的腫瘤（不是胡作非為）？因為癌症是一種生存機制，而不是病。身體利用癌症好讓致命的物質和具腐蝕性的代謝廢棄物離開淋巴液和血液，進而遠離心臟、大腦和其他重要的器官。殺死癌細胞，事實上會危及身體的生存。身體（免疫大軍）只在導致腫瘤形成初期的阻塞被打通之後，才（開始）攻擊癌化腫瘤。」

這才符合「宇宙中最精銳軍隊」的行為！

莫瑞茲醫生繼續解釋：「當細胞的基因環境經歷了大的變化，基因藍圖就會自然地改變（癌變），使它們能在無氧的環境下存活，並利用代謝廢棄物來當能量。雖然這個非正常的細胞代謝形態有傷害和副作用，但藉由細胞突變，至少可維持一些缺氧細胞（癌細胞）的生存，器官能被安全地保護，以對抗不可逆轉突然間的崩壞和失能。」*

人體的自我維生功能系統是宇宙中最聰明的組織系統。

誰又是自以為聰明呢？

* 安德烈．莫瑞茲：《癌症不是病》，皮海蒂譯，原水文化出版，2011 年。

人體、地球和中醫

人體是個「迷你」的大自然。我們發現它的特質和規律，繼而研究它、利用它。但我們最好不要干擾它，更不要破壞它。

想想我們是如何對待地球的吧。

我們總用「天災」兩個字來形容地震、火山爆發等大自然現象，其實這些現象對地球來說是再自然不過的「症狀」。我們不想它發生，是以我們的利益為出發去思考。如果以中醫理論來看這些「天災」，我們應該理解、應該驚嘆地球如此的生命力和規律。之

所以它這樣做，是為了舒緩板塊移動及內部的壓力，避免因壓力的積累而造成更大的破壞和失去平衡。它已經這麼做了幾十億年。人類現在之所以還不去干預地震或者火山爆發，是因為他們還沒有這個能力。哪天人類真的有這個能力，他們一定會去嘗試醫治地球這些「症狀」的，我發誓。因為，今天在對待人體上，他們就是這樣做；他們這樣做，就因為他們能。

但他們在人體身上究竟又能真的做成什麼呢？

中醫五千年的理論和實踐，其最大的智慧表現在尊重自然、順應自然，從來不做違反、干預、破壞自然的事；反而是善用自然（身體）本身的規律和能力來達到治理的目的。

高血壓是最多人熟悉的病，怎麼治療大家也很熟悉，但所謂熟悉，我敢肯定是西醫那一套。

中醫是這樣診治高血壓的：血壓高是身體某個重要部位缺血（或缺氧）的補償作用。例如肝或腎其中一樣出了問題，心臟就會自然調高供血量去彌補有關問題，從而令心臟加大工作量。高血壓不一定代表心臟本身有問題，相反，你該高興自己的心臟還有工作的能力。中醫視高血壓為虛證，與西醫正好相反。高血壓是因為重要器官缺氧，所以心臟才加強壓力送出更多氧氣（血）。西醫的做法是吃降壓藥，降壓藥有兩種，一種是讓心臟不要「過分」工作，另一種是舒張血管。所以，你吃了藥，心不再使勁跳了，血管自然的彈性鬆懈了，血壓回落了；表面上一切好像正常了，但那個

缺氧的器官仍然缺氧。當你一旦停止服用降血壓藥，血壓一定又會升高，原因就在這裏。真正要治療血壓高，是把真正有問題的地方（病因）醫好，血壓才會正常，而且不會復發。

許多人一輩子吃降壓藥不敢停，表面上血壓穩定，實際上身體愈來愈差，直到病發已經太遲，因為你已經老了，那個病也入膏肓了。

為數不少的西藥實際上在做「幫兇」，幫助病因「瞞天過海」。不過，我們也應中肯地講，許多西藥發揮着不可或缺、救命、救急的作用。例如舒緩哮喘的藥等。因此有俗語謂：西藥救急，中藥保命。

中醫看癌症是「虛證」。中醫認為癌症其實是一種全身性疾病的局部症狀。癌細胞之所以形成的根本原因，是體內經絡氣血循環阻塞，造成臟腑、組織缺氧、失衡，外加六淫、外傷、七情的誘發。前者是身體內部的條件，後者是外在環境（包括生態環境、生活態度、飲食習慣等）的誘發。

2011 年 8 月 21 日香港《蘋果日報》周日醫療版有一則報道：「香港防癌會主席高永文表示，臨牀觀察約九成癌症病人同時接受中西醫治療，該會的中西醫門診病人數目愈來愈多，相信本港對中西醫結合治癌服務需求將愈趨殷切。」

記得我前面說過，做中國人還是蠻有福的嗎？

我們能夠選擇中醫來保命。那麼西方人呢？他們雖然外表跟我們非常不同，但經絡氣血臟腑該是一模一樣的吧，而且得的癌也應該是一樣的吧？但他們沒有選擇，絕大多數西方人只能找西醫。

精明的消費者

九成的癌患者選擇中西醫相結合的療法，證明消費者是精明的。只要讓他們有機會知道、讓他們有機會比較和體驗，他們就會作出正確的選擇。

目前，癌症治療還是西醫的「天下」，除了化療就是電療（放射性治療），除了電療就是開刀，做完這些「標準」治療套餐後，也為不幸的癌患者打開了鬼門關。消費者很難有選擇啊！沒有選擇是因為他們不知道，不知道就不會用，不用就沒有比較，沒有比較就沒有選擇。

我盼望中國醫學五千年的寶貴遺產在香港也能夠發揚光大，利用五千年的中醫理論和實踐使癌患者重燃生命之光。

我們要讓消費者（癌患者）知道，他們也有權知道。

我自己接觸過的癌患者，其中有些也正接受中西醫相結合的療法。他們中間這樣的例子最多：患者發病後，一定是馬上接受化療，化療之後得到一定程度的好轉、舒緩。然而當癌細胞再次發動「進攻」時，他們才真正擔心起來：「那麼有效的化療，原來沒有用啊，我還受了那麼多的罪……」明智的患者立刻重新部署。這時

中醫出場了。他們從書中、雜誌上、親戚朋友們的病例中，了解到了中醫的優勢：知道吃中藥能夠減輕化療的毒副作用，另一方面，吃中藥還可以增強身體機能，讓你有氣力，保持免疫力，提高整體治療功效等等。

化療引起的副作用數都數不清，我試試背一下所讀過一些書的內容吧：化療藥物長期刺激會引發靜脈炎，化療期間食慾減退，甚至沒有食慾，而且噁心嘔吐、腹痛腹瀉；化療導致骨髓抑制，血小板及白血球數目下降等等。可喜的是，以上的例子中醫都有方子可以「治」，證明中藥的功效；可悲的是，開方的人還沒認識到，沒有化療，在病人身上就不會發生這一切。

沒有治癒的功效，卻有奪命的副作用，還研究什麼方子去結合它？

怎麼？噢，原來「四方城」裏也住着不少中醫師。

中國著名腫瘤專家孫燕表示：「在臨牀腫瘤學中我們遠遠沒有達到將多數癌症治癒，我們需要『創新』，去挽救患者。」

在西藥治癌方面我們需要新產品。這個新產品一定要以破舊為基礎，而不是「舊瓶裝新酒」。新產品不是奢侈品，奢侈品能夠俘虜無數人的心，新的抗癌藥物應該能夠挽救生命。

另類療法

另類療法大致可分為：天然能量產品、草藥、針灸、氣功、祖傳秘方、特異功能、健康食品、卜卦、靜思、冥想、宗教信仰等等。

這些療法的產生和流傳，是人類歷史發展的一部分。從古到今（未來不知），人類從來就沒有不會生病這回事，有病痛就必然去治。世界這樣大，有許多的國家和民族都有自己流傳久遠的醫術。在所謂正統醫學「統領」世界之前，各地各民族一代又一代、千千萬萬的人，不都是靠這些醫術治病的嗎？而且，當今一些正統醫學「統領」不了的偏僻地域，那裏的人，今天不仍舊用他們流傳了許久的醫術來治病嗎？

近年來，隨着科技發展和廣泛的信息交流，加上癌症的「蓬勃」發展和西醫治癌的有限功效，已愈來愈多人嘗試這些「另類療法」。這些療法大多能成功減低患者的痛苦、保證生活質量、延長生命甚至治癒。因此，它們在治療絕症方面，給患者多了一個選擇和希望。

這些流傳久遠、醫之有效的民間醫學，之所以登不了「大雅之堂」，只是因為通過不了某些國家衛生部門或什麼藥品監控局的認證，被判了「死刑」。令人有疑問的是，民間的醫術存在已有幾千年了，這些機構才成立了多久？而且，他們成立這類機構的基礎和目的、鑑定方法和標準，正是建立在正統醫學上、為正統醫學服務

的。你們會用天文數字的金錢做出一部醫療儀器，難道就等於比幾千年以前的人更有智慧嗎？

叫一個大學畢業生去鑑定一個老人的處世智慧，老人還不笑笑轉身走開算了。

我和一位家長有這麼一段對話：「王老師，那如何控制中藥的品質呢？」看來這位家長還看過些資料。「各地種植中藥的環境都不同，大陸又這麼多假東西？」「有道理！」我回答的時候在想，人要先說服自己，才會相信某些事。「關於中藥的質量、生產、量化等等標準，目前在中國已有相當的成就，你應該多了解。如果廣泛使用一個東西，這個東西自然會有機會和需要，去不斷地提升和改良。」「那倒是真的，愈用愈精。」「至於假藥，那是另一方面的問題。擔心中藥的品質，影響治療的效果？」「當然啦，癌症啊！」家長眼睛睜得大大的，想知我怎麼回答：「中醫治癌的藥過不了美國 FDA 的鑑定，你知道是為什麼嗎？」「為什麼？」「因為他們不懂中醫呀。」「哎呀，那倒是。」「而且這裏頭牽連多少商業利益和政治。」家長伸了伸舌頭，我繼續：「你知 FDA 制定治癌藥物有效的標準是怎樣的嗎？」「你有這樣的資料？」「網上什麼都能找到。標準是能把腫瘤縮小百分之五十以上達 28 天。」「……這、這個標準不是太高啊！」家長連嘴巴都張大了。「因為它權威，就沒人質疑。這個治癌的標準跟你擔心中藥的種植環境比較，哪樣……」「不用比較了，28 天？太短了吧，他們是怎麼定出這個數字來的？」「這我可不知了，哈哈……我相信有關標準在不

斷地更新⋯⋯」「但已有的這個標準不是害人嗎！」家長開始不平
靜了⋯⋯

他們把草藥、針灸算在「另類療法」裏面，我也覺得好笑。中
華醫學是世界上最古老和先進的醫學，至今仍然是！

是誰築起「四方城」？

「四方城」裏的人常説，非正統療法，是沒有科學根據的，不
足以相信它能救命。不過，「四方城」裏也有不少會想的人：「我
在這城裏已住了這麼久，該知道的早已知，該做的早已做了，我比
隔壁早死的幸運一點，趁還有口氣，爬到城外看看吧。」這些爬牆
出來的人當中，除了病人外，也有不少不甘寂寞、好奇心強的正統
醫生。

最大的「四方城」——美國，在國家衛生研究院的領導下，
已成立了「國家輔助及另類醫學中心」，負責相關的研究。有一點
還是值得高興一下的，他們把各種另類療法統一稱為「另類醫學」
了。

無論如何，九十年代開始，在美國愈來愈多的醫生和患者，開
始重視或直接採用「另類療法」，不，應該稱為「另類醫學」。他
們已察覺到正統醫學在許多疾病，尤其是慢性病上的局限。資料顯
示，近年在美國接受另類療法的就診總次數已超出就診西醫的總次
數。有第一個人帶頭爬牆出城，就會有第二個、第三個⋯⋯

寬容

　　説到這裏，令我靈光一閃，不禁憶起世界名著——由亨德里克 · 威廉 · 房龍（Hendrik Willem Van Loon）創作的《寬容》（*Tolerance*）中序言的深刻意境，真恍如穿越時空，頓悟其中！讓我按照我的體會嘗試翻譯當中的精彩：

　　知識小溪緩緩流過這幽靜又無知的山谷之中。

　　它來自被稱作「過去」的山脈。

　　它進入被稱作「未來」的沼澤。

　　來自上古千年前神話般的智慧種族寫下來的古典，既神聖，但又那麼晦澀難懂。

　　人們無法擺脫心中的恐懼，……在燈火欄柵處，流傳着對智者們的悄悄議論，和那些敢於質疑者的故事。

　　直到黑暗中一人翻過山嶺，打破了寂靜。

　　他跌跌撞撞地走到最近的小屋前，敲響了門。

　　智者説若誰敢踏出這蔓延的山谷，等得他的只會是失敗與屈服。

　　越過雷池的人……他必將受到審判。

　為了活得明白，我探索生命

　　那人欲打破緘默，他轉身回望，渴望在人群中找到那些曾經與他一起共赴艱辛地走出去，尋找真相的志同道合的手足。

　　「聽我說。」

　　他懇求道，他高興道：「聽我說吧！我從山外歸來，我的雙腳已踏上一片新天新地，我的雙手已感受到了其他民族的溫柔，我的雙眼已見識了奇妙壯觀。」

　　「當我問及外面是否存在未知的世界，人們搖頭制止，噤若寒蟬。若我欲刨根問柢，人們便領我去遠望那些失足在山腳下的白骨累累。」

　　「但，這全是謊言！……他們欺騙了我，正如當初他們欺騙你們一樣。」

　　「我已找到那通往更美好家園的路徑。我已看到了美好生活的應許。跟我來，讓我帶領你們去吧。」

　　但人們向他報以石頭。

　　他們砸死了他。

　　他被拋在懸崖之下，以警告所有質疑祖先智慧的被稱為叛徒之人。

　　某個夜裏，叛亂驟然而起。

那些被逼迫而噤若寒蟬的人，此時都因絕望而奮起。

……他們攔住前行的馬車，要求車伕把他們也帶上。就這樣，他們奔赴未知的世界。

……歲月的沖刷，要找到當年那人留下的路標已顯得困難。

但千里之行，始於足下，跋涉漸漸變得不那樣艱辛。

行行復前行，人們終於找到了那綠意盎然的新田地。

人們皆悄然相視。

「他說的都是對的，……」

然後他們解開牛馬，將牲畜放牧於野。開始建造房屋，種植莊稼，從此創造那幸福生活的期許。

幾年後，有人建議將那位勇敢的先驅者厚葬在為智者而建造的殿堂中。

一塊石碑巍然矗立在（如今已是高速公路的）地上，刻着那先驅者的名字，以紀念他曾毅然把人們從無知的黑暗中解放，走向光明的康莊大道。

那銘文曰：這是心懷感激的後人所立。無論過去，還是現在，甚至將來，敬希其永垂不朽。

為了活得明白，我探索生命

第四章
治病救人

「側重醫治症狀的療法，為患者埋下了一顆顆計時炸彈。複雜的診斷程序、對抗療法、各種藥物和手術，大多都是非必要的。最令人擔心的是，它們使病人相信自己有保障，自己的身體已經沒問題了。」

外母入醫院了

外母昨天下午入了醫院。她這一陣子經常低燒，有時會高到攝氏 39 度，明顯是身體出現了症狀。等待她的將是一系列身體檢查，從驗大、小便到驗血，從超聲波到 X 光，從腦掃描到照大腸鏡。看着躺在醫院病牀上的外母，我在想，是他們發覺外母情況特別，以致全身上下要做這麼多測試，還是，這僅僅是現行醫療制度的一個例行指引？

無論是哪一樣，都暴露了現代昌明醫學的局限和其制度的弊端。

也許一個好的中醫師，把幾分鐘的脈，外母的病情已經一目了然了。

「太麻煩了，中醫師住得又遠又不好找，回來又要自己煎藥。」聽到我說不如看中醫，外母連忙擺手。「有些中醫都不便宜。我住政府醫院，除了付一點住院費，什麼都不要錢。」外母連去醫院的車錢都不用付，只需在家拿起電話，「專車」（救護車）就會來到家門前。

我有點迷茫，這並不像我之前提及的那種「伸手可及」的醫療服務。

醫療制度下，公立醫院的醫生被要求遵守一套嚴格的規定和指引。如果有醫生脫離它半步，他可能會招致嚴重的後果。況且，病

人的醫藥費不必他操心，他何必為了某一個病人冒險呢。

外母住院的病房大樓是新建的。病人、家屬、醫生及各類醫院雜工川流不息，住院大樓的設計和設施展現了人類不凡的智慧。

但同時我也有個疑問，它是我在乘電梯時，看到電梯裏的不同科病房所屬樓層的指示牌時想到的。我大概數了數，指示牌上大概有近二十種不同的科吧。醫生為了能清楚確認外母患了什麼病，動用超過五六種專科的醫生、儀器來檢查，用這種「一網打盡」的檢查方法，究竟是科學的還是不科學的？

一系列的身體檢查，最終得到的結果只是「病症」，它們能給醫生提交「病因」報告嗎？檢查出病症，醫生就能「對症」下藥了——也就只能對「症」下藥！當你僅僅治療疾病的症狀，而不清除（甚至不去了解）背後的原因，這能叫醫學嗎？

從小到大我們都是這樣被教育的。我們出生在醫院、我們成長在醫院、我們在醫院老、我們死在醫院。所以我們從來不會懷疑，我們相信了症狀就是真正的疾病，因為醫院能為我們減輕這些症狀所帶來的痛苦。但我們完全不知道，原來這些症狀，正是身體用自身的修復功能在處理自身根本性不平衡狀態所顯現的客觀現象。

頭痛看西醫，他一定給你止痛藥。還痛，他一定叫你去驗血和做腦掃描。「沒問題呀，你腦裏面沒東西，放心吧。」醫生也彎開心地告訴你。但你告訴他，頭還是痛。這下他有些為難了，他總不

能讓你再做一次檢查吧？（常有的事）「我開多幾天止痛藥，再寫一星期病假給你，好好休息幾天吧。」

怕他把你轉介給精神科醫生，你只好去看朋友介紹的中醫。「怎麼搞的，你的肝火和膽火都好旺。」老中醫認真把了 3 分鐘的脈，又讓你伸舌頭出來，一邊看一邊慢條斯理地說：「要給你補一補肺，你的肺虛啊。」你看着他處方時心裏在嘀咕：「什麼又旺又虛，什麼陰陽關係，我頭痛了一個多月，你能治好我，我把你當神拜。」當你吃完中醫開的中藥後，你全家老少都和這位「神醫」熟絡了。

西醫的治病原理，在治療慢性疾病方面的成效最引人關注。環顧外母病牀周圍的同房病人，有人插喉，有人打吊針，這個內科病房躺着的，就是我所關注的病例——各種慢性病、退化性疾病等。

看着她們東倒西歪地躺在周圍滿是先進設施的病牀上，我的心隱隱作痛：我的地球同胞，這是你們能得到的最好治療條件啊！

側重醫治症狀的方法，為患者埋下一顆顆計時炸彈。複雜的診斷程序、對抗療法、各種藥物和手術，大多都是非必要的。最令人擔心的是，它們使病人相信自己有保障，自己的身體已經沒有問題了。

治病救人？

不，不。雖治病，但救不了人。不是因為不先進，不是因為沒

為了活得明白，我探索生命

有責任心，只是因為在治症。

　　病治不好，病人只會怪自己命不好，他們不會懷疑，因為醫生是神聖的。

　　他們的症狀得到緩解，但同時他們也失去了一次真正治癒的機會。隨着年齡的增加，治療症狀遺留下的副作用，讓他們成為醫院的常客，他們還不停地感激先進的醫學又一次救了他的老命，並且也感激能靠那些新研製的藥，再活幾年。

　　「阿媽，我們帶了魚片粥來。」我解開外賣塑料袋口，把盛着粥的膠碗拿上牀前的小餐枱。「我吃不下……」外母收起笑容，皺起眉頭：「我覺得好噁心，全身都無力。」

　　我還有點中醫知識：「久睡傷氣。阿媽，你最好下牀走動一下，讓氣血流通。你心不舒服，是因為你的腳不運動，回流到心臟的血就會不夠了。」「你講得好似挺科學的。」外母又笑了。「氣血流通是健康身體的基本保障，你一定要下牀走走。」「姑娘說，醫生不讓下牀，怕會出危險。」外母又皺起了眉頭。

　　在這間可稱之為全世界最先進的醫院病房裏，病人和醫生都得屈服在昌明醫學的制度下。

　　先進的掃描儀器能夠掃到你的症狀——腫瘤，卻掃不到三千年前就已被我們祖先找到的 12 條經絡和 365 個穴位，最棒的腦科醫生鋸開了你的腦，也不可能找到你的思想。

無知和科學

科學的使命是發現未知的事物。

中醫經絡穴位的科學性，一直是不少中西科學家感興趣的題目。

1972年美國總統尼克遜訪問中國，中國政府非常重視自朝鮮半島戰事斷交之後，「紙老虎」的這個「破冰之旅」。

「乒乓外交」正是那時的產物。一個同高爾夫球大小的又那麼輕的乒乓球，中國人舞得出神入化，美國佬看得眼花繚亂，拍手稱奇。許多人可能不知道，在另一邊廂，中方為美國訪問團成功表演了另一場宣傳觀摩活動。這個在默默無聲中進行的表演，比起呼聲震天的乒乓球表演，更加使美國人驚訝：在針灸麻醉下做外科手術。這個在當時黨內稱為「毛澤東思想的偉大勝利」的成功示範，使擁有絕對科技優勢的對手目瞪口呆。

針灸麻醉在當時已超越了西方人能夠理解的常識範圍。

針灸在中國已存在了五千年。如果沒有把握，我們的偉大領袖是不會拿民族威信來賭的。

對西方人來說，經絡穴位治病，和魔術比較接近。他們有這樣的感覺，一點也不奇怪，這是因為東西文化的差異、中西醫學的概念和側重點以及方法論不同所致。

為了活得明白，我探索生命

用「已知」去證實「未知」是聰明的做法嗎？有些事情不需要深奧的理論或什麼複雜的數據來證明（又回到常識問題上了）。有些事情僅憑一點點邏輯分析就行了。三千年以來，經絡穴位既然可以治大量的病，又有精密準確的經絡穴位圖和系統理論，它肯定是客觀存在的。

中國科學院高能物理所顧問謝一岡教授（本書作者的舅舅），在他發表的一篇題為〈我對中醫經絡的感悟和思考〉文章裏，用自己的親身經歷，結合高能物理學的知識和務實客觀的態度，肯定了中醫經絡穴位的客觀存在性和其價值。

這篇發表在《中華醫藥》雜誌上的文章裏，就「經絡的物質性證據」問題，提交了幾點研究結果＊：

「陽明胃經足三里穴位範圍與非穴位附近的 7 種離子含量有明顯差異，特別是鈣和磷達 40 至 200 倍（用加速器質子熒光微量分析得到），且只存在於骨間膜表層（用磁共振定層位置）。」

「另外，觀測到骨間膜的膠原纖維是不同蛋白質構成的一種生物液晶態，它跟特定的經絡走向一致；測定出對 9 至 20 微米的遠紅外波沿纖維方向有百分之百的穿透性（跟氣功師發出 15.5 微米的紅外光波波長一致）。這就可解釋經絡有紅外波光纖特性，即有能量傳導性。」

「刺激穴位後其附近的鈣和磷離子特別多，這是否就是血紅細

胞的氧～二氧化碳的交換能力增強，還有待研究。這已屬於分子生物學、生物化學和血液學的範疇吧？」

作者總結指出：「人類對自然和人體本身還有很多未被認識的領域，但它們卻是客觀存在的。人類認知的長河就是將相對真理不斷地接近絕對真理，逐步認識的新知識就是新的力量。」

* 〈2000 年世界衛生組織傳統醫學研討會報告〉：《科學通報》，1998 年 3 月。

如果

有個鋼琴學生，就快中學畢業了。我問他大學會選讀什麼科，他說想讀醫。這下我有興趣了：「為什麼想讀醫？」「因為可以幫人。」「想幫人？」我提高了聲調，學生看着我，有一個「這是個問題嗎？」似的表情，他追一句：「我自己也對醫學有興趣。」這個高高瘦瘦的男孩子非常聰明，上課時理解力很強，很會觀察。他選讀醫，成績肯定會很好。他的圍棋水平極高，是那種高段棋手（我打從心眼佩服那些圍棋、象棋下得好的人）。我有個好問題問他：「如果不幸你有家人得了癌症，你會怎樣幫他們？」「……」他一下子答不上來，張大嘴，看着今天有點特別的王老師。

我決定直接問：「如果你有家人不幸患上癌症，你會同意他（她）做化療嗎？」「噢，那要看具體情況。」他這樣說，應該有一個既定的答案。

「是嗎？」看着他充滿自信的臉，真想知道他會怎樣回答：

為了活得明白，我探索生命

「那你說說看。」「如果他已是晚期，我會勸他做化療。」

「噢，晚期就勸他做化療。為什麼呢？」

「晚期的癌細胞很凶，擴散得很快，所以一定要用化療才有救！」我說過他很聰明。

「好，有道理。但如果病人的體質承受不了化療藥物的毒性呢？」

「那……」

「我是指當化療藥物的副作用大過治療的功效，甚至對體質的影響比癌症本身還大時。」

「這……」「你們家認識的親戚朋友中，有晚期癌症因做化療而好轉的人嗎？」「好像沒有。」他很快回答，我接着說：「如果在消滅了癌細胞的同時，好的細胞也被消滅了呢？」

「病人可能會很慘。現在的化療藥物還不懂分辨不同的細胞對吧？」

「對，它們不會分辨，見到細胞就『格殺勿論』。」

「那病人的體質就會有問題了吧？！」男孩停了停，思索了一會兒：「做過化療的，都會有嚴重的甚至致命的副作用？」他有點徬徨：「我們沒更好的方法？」

我笑了起來：「也許等你做醫生時吧。」看他，卻不情願地笑了笑。

好一個未來的醫生。有自信，能分析，會懷疑。個個醫生都該如此。讀書成績好，才能做醫生。但千萬不要讀「死」書，要能懷疑和思考。我們要的精英，是要也會想的人，有膽識的人。或者反過來說，真正的精英不僅僅只是讀書成績好，還要會思考和敢於創新。

當聽了我外父、表哥的故事後，他沒有再回應。「學醫不是那麼簡單的。」我猜他在想。

如果我是你的老友

先說說為什麼是你的老友。一般的朋友不會作聲，這可是人命關天的事，主意錯了怎麼辦？再說，你也不太會重視這類朋友的話。那為什麼不是你太太呢？因為此時她肯定傷心得要命，也嚇得半死，早就六神無主了，只會想怎樣能快點消滅可惡、可恨的癌細胞。在這樣的情緒中，很難有理智、精明的決定。況且，她也沒有選擇，周圍許多朋友都是這樣治癌的呀。

如果我是你的老友，我只有一句話：「要做化療前，請一思、二思、再三思！最好不做！」

如果我是西醫腫瘤醫生

如果我是治你的西醫腫瘤醫生，我會很無奈。以下這番話，我不好直接對你講：「我多麼想治好你，讓你面帶笑容地回到家人身邊。但我知道我有多少把握，這和我的抱負、醫術無關。我們只有這些藥，這樣的療法，這樣的醫療制度。我真的是在盡全力幫你啊。但我知道，我們一起玩着一場賭生死的遊戲，如果輸，那個人肯定是你。假如世上只有我和你，我早就對你說『不』了。」

如果我是中醫腫瘤醫生

如果我是治你的中醫腫瘤醫生，我首先會告訴你，我對治你的癌症有多少把握。畢竟我不是泛泛之輩，沒把握的事，對你、對我都不是好事。所以，你如果不行，我會對你說我無能為力，你如果行，就要聽我的。

如果我是你媽媽

如果我是你媽媽（假定媽媽 70 歲，兒子 40 歲），我會告訴你，如果我得了癌，我會堅持照自己的意願行事。我知道這個病，它來得突然，又痛苦，又無藥可醫又致命，但我不會整天想着這些，而這恰恰是我首先要擺脫的、思想上的「癌細胞」。這點很重要！癌症被稱為「世紀絕症」，是有道理的，有些事要接受。什麼時候積極爭取，什麼時候改變策略，能看到你真正對付癌症的智慧和勇氣。打一場沒有希望的仗，是自欺欺人，結果累人累己。怕

死和珍惜生命，坦然面對和放棄生命，是兩種截然不同的態度和做法。不如利用這個「機會」，重新調整自己。珍惜這最後的日子，享受自由，瀟灑走完這最後一程路。

如果我是「那位」

你們所講的話，對我很有幫助，尤其是我母親講的。求生是本能。但當治癒機會是「0」時，我知道自己該怎樣做。我肯定，如果有選擇，我想知道什麼時候是「0」了，多過想知道用什麼新藥可能還有點希望。另外，我相信女人的判斷力和直覺。她們有一種本能，能衡量一件事情整體上的平衡而不至於被枝節所迷惑，當然這要在她們處於理智的時候。男人往往反而會被一些小事所迷惑而失去平衡，比如面子啦、地位啦、威信啦等等。我母親是對的。

第五章

岩釘

「癌症是你選擇如何生活所得的懲罰。癌症是不自愛，或是過於自愛的結果。」

乾淨

「Patagonia」是個著名運動休閒服裝品牌，它是間規模相當大的美國公司。這家公司最早期時，只是一間家庭生意規模、專賣攀岩用具的小公司，因為公司的創建人 Vvon Chouinard 是個狂熱的攀岩愛好者。上世紀七十年代時公司漸漸有了一點規模，他們公司印刷的第一本產品目錄中，有一段話用來介紹他們攀岩的新產品：岩楔。當時，所有攀岩愛好者都是使用岩釘的。

「只有一個詞可以形容，那就是乾淨。僅使用石塞和繩環作為確保點的攀岩方式，就是乾淨攀岩（Clean Climbing）。之所以稱之為『乾淨』，是因為如此一來攀經這段岩壁的人就不會改變岩壁。『乾淨』是因為不需要敲打任何東西到岩石裏、再把它拔出來，這種做法會讓岩石留下疤痕，也會讓下個攀岩者的經驗更為人工。『乾淨』是因為攀岩者的確保裝置只會為他自己的攀岩過程留下些微痕跡。所謂的『乾淨』，就是在不會更動岩壁的情況下攀岩；是人可以更接近有機攀岩的一步。」

讀完這段文字，不難理解這家企業為什麼成為美國首家全部產品只用有機棉並堅持會一直這樣做下去的公司。

我想起了那些核電站、想起了那些巨型水壩、想起了那些沒有必要那麼高的摩天大廈……它們是人類攀登所謂科技和文明高峰、打入大地的、不會拔出來的「岩釘」。

　　我想搞清楚一個問題：一切所謂高度發展的科學文明和物質文明，其根本究竟是建立在人類的需要上還是慾望上？是不是我們早就失去了平衡？

　　地球人在追求和發展科技文明和物質文明時，究竟是犯了方向上的錯誤，還是方法上的錯誤？

　　我的判斷是前者。因此我憂心忡忡。如同眼見一匹雙眼蒙着黑布的駿馬直奔陡峭的懸崖邊緣。

　　是誰蒙上了駿馬的雙眼？誰又能替牠解開蒙着雙眼的黑布？

　　那些想折騰的人，總會想到辦法的，而且一旦開始了，就一發不可收拾，不到玩出人命，是不會停手的。噢，我落後了，這些喜歡折騰的人，他們已經玩出人命了。然而他們並沒有停手，他們大概也沒法讓自己停下。是停不了，還是不想停？

　　有必要那樣先進、那樣發達嗎？你們會計算一件事情的代價嗎？科學的發展不是應該為人類帶來更多的幸福嗎？幸福，難道不是所有文明的根本目的嗎？

　　地球人，你們回顧一下你們的文明發展吧。從科學到文化，也就是說在物質和精神兩大領域的所有科目是怎樣發展出來的？是「發達」的現在，還是「落後」的過去？是依靠物質，還是依靠精神？物質文明是限制了我們的精神世界還是幫助開拓了我們的精神世界？

真正的科學家同時也是幻想家和創造家，而不是利用各種所謂先進儀器作實驗、對數據的應用家、考核家和發現家。根本問題是，你們太多人在做同樣的事！你們從小學一樣的東西，長大做一樣的事。你們每個人都想比別人強，事情就是這樣一發不可收拾。君不知，你們每個人根本就是唯一的，這也是你們之所以存在的理由和價值。每個人都想爭做那個「唯一的」，這樣問題就來了。

時髦的環保生活

現代的人似乎特別欣賞和追求「世外桃源」似的生活。他們讀哲學、聽音樂、吃有機及清淡的食物。他們忘了，如果為了達到這種生活而拚命鑽研、不計工本的話，會讓人懷疑這究竟是一種生活的醒悟，還是一種新的時髦生活方式？

你們用辛苦賺來的錢去旅行，坐十幾小時飛機到了外地，躺在舒適的沙灘椅上，欣賞落日，然後感到無比的安寧和舒暢。你有沒有想起，你家門前的小山坡從前就是這樣的，從那裏可以欣賞到那迷人的落日？不過地產商把那片土地發展成為商業大廈了。

也許，你有一定的經濟能力，能在遠郊買下一塊地，並蓋一幢具現代化建築風格、有各種先進環保設備的別墅，好讓你們全家能在周末欣賞郊外的日出或是日落，同時還能利用那些昂貴先進的環保設施，在周末為環保出一份薄力……但你完全沒有想過，那些先進、昂貴的地熱、地冷設備，不用汽油的純電動車等，製造它們又需要消耗多少地球的資源和你手中的金錢？

癌從口入

　　從醫學統計可見，癌症愈來愈普及，根據世界衛生組織（WHO）2003 年公布的數據，2000 年全球共有 1,000 萬人患癌，死亡人數高達 620 萬。該組織預測，至 2020 年全球每年新發病例人數將達 1,500 萬。癌症在發展中國家的增長為百分之七十三，而在發達國家的增長「僅」為百分之二十九。最後一項預測的數據非常有意思。以前，發展中國家遙遙領先於發達國家的是出生率，現在卻是奪命的癌症。中國屬發展中國家，上世紀五、六十年代的癌症死亡率少到衛生部都不提，現在全國的癌症死亡率，已接近發達國家水平。中國衛生部警告，若不加以控制，到 2025 年，中國的癌症死亡人數將增加一倍。

　　很明顯，從以上數據看，生活、物質的發達，和癌症的發展是成正比的。

　　「吃好一點」是中國人的一句老話。他們把「吃好一點」作為改善生活質素的基本指標。過去窮時，一般老百姓幾個月才有機會或條件「打一次牙祭」，有魚有肉，飽餐一頓。因此，在上世紀六、七十年代的中國，癌症的發生率遠低於西方國家，尤其美國。在美國，當時老百姓日常的標準飲食包含各種脂肪、含豐富肉類蛋白質、各種加工食物等等；而同時期中國老百姓的飲食正好相反，蔬菜、豆類、大米、雜糧等是標準飲食。

　　我們武漢人招待好朋友有一道必不可少的菜：蓮藕煨排骨湯。

一大碗排骨燉的濃湯，加上粉粉的蓮藕和豬排骨，熱辣辣、香噴噴、肥油油，是多少湖北人夢寐以求的美食和營養來源啊。八十年代初，我從國外回武漢探訪親戚，招待這個在國外留學的南南可不能馬虎呀。他們早上 4：00 多就起牀，去國營菜市場排隊買排骨，蓮藕則是用高價在當時剛推行的「自由市場」上買的，因為國營菜市場根本就沒有蓮藕賣。折騰了大半天，就是為了能喝上一碗「營養豐富」的排骨湯。其實我從小到大就不怎麼喜歡吃肉（現在知道是福），尤其是肥肉，看到就想吐。當親戚笑咪咪地端給我那碗排骨湯、我也笑咪咪地接到手中時，心裏開始嘀咕，有壓力了，因為我懷疑自己如何能喝下那碗肥油湯和那堆上碗尖的肥排骨。「南南，吃多點，吃完再添。」親戚坐在桌子旁邊的沙發上，熱情地招呼着：「你在國外，想吃都沒有。快，吃多點，喝湯啊，跟我們可別客氣！」其實我想説，這麼油，我真不想吃。因為禮貌，勉強吃了半碗，然後把剩下的半碗排骨湯放回飯桌上。「怎麼啦，才吃一半，你就……」沒等親戚問完問題，我衝口而出：「我實在不行了，我頭昏！」

攝取過量的肉類蛋白質會對健康造成嚴重影響，已不是新聞。至於過量肉類蛋白質為什麼會對身體產生不良的影響，現在有不少這方面的書賣，更快捷的做法是上網了解原因。在這裏，我不準備多説這些。

飲食習慣的改變（或堅持），也許就是癌症發病率增長的最主要原因之一。除了肉類蛋白質這個「兇手」以外，還有一個幫兇，

它還更凶些：加工食品。

「加工食品」的另一種説法就是「非自然食品」。在香港，我們總説吃茶餐廳不健康，這個説法不全面，而且要看和什麼類型的食物比。我就寧願吃茶餐廳的飯菜，而不吃什麼漢堡包和炸雞，打死也不會吃！前者的大部分食物原料至少是從蔬菜、鮮肉批發商或從街市買的「自然食物」，後者的絕大多數食物原料都是經過處理的半成品，就是那些「非自然食品」。這些被「加工」和「改善」的精製食品，加入了調味劑、人工色素、防腐劑等高濃度化學品。這類會致癌的美食，在誘人的廣告、包裝和優質的服務下，被你親手放進自己的口中。

早聽朋友説過，你如果買個漢堡包或炸薯條回家，放在廚房自然、開放的環境中做個小實驗，你會發現兩個有趣的現象：第一，如果有蒼蠅的話，牠們當漢堡包和薯條是透明的，或者停留幾秒鐘之後，馬上又飛走；第二，擺放好幾天都不會變質（在外國有漢堡包實驗其中有些產品數十天都不變質），也不會發霉或自然腐爛（連細菌都不「吃」它們）。現在你可能會恍然大悟，為什麼茶餐廳裏會有那麼多蒼蠅，而且牠們還老往你的那碟飯上撲。

在長時間的製造、保存和運輸過程中，能夠保持食物不變質，就是保住了成本。會想的人都會想，什麼樣的東西能使蒼蠅、細菌都沒胃口，都怕碰到？他們還振振有詞地告訴你，你吃到口裏的是「絕對安全」的食物。是的，吃這些「優質」、「安全」的食物，你不會拉肚子，但你可能會因此得癌！

法律面前人人都會鑽漏洞。

　　雖然所有食品在包裝上都有列明其成分（那些字小到你不想
〔能〕看），但它們僅僅只是「交代」了那一件食品的含量而已。
他們絕不會告訴你，當你長期吃，吃了 1 年或者是 10 年以後，會
有什麼可能的後果。他們還會在食品包裝上印上（這些字的大小
就容易看了）「低膽固醇」、「低糖」、「低鈉」、「低熱量」等
等，等你看到這些字眼而仍然不買它的，你就會感到對自己或家人
的健康漠不關心而自責。他們絕對不會對你透露這些「優點」是用
什麼化學物製造出來的。原因很簡單，因為它們有致癌的可能。

　　我們已經習慣、認同、麻木了。我們從不懷疑，那些整齊地擺
在超級市場貨架上的食品、出名的快餐連鎖店賣的食品，因為它們
全都是經過嚴格的食品質量和衛生條例檢驗的呀，所以它們是安全
的、可靠的。我相信，如果我們的政府重新訂下一個標準，把「長
期食用或會致癌物質」列為最重要的食品安全指標，相信市面上真
正的「自然食品」馬上「洛陽紙貴」。

　　食物帶給人營養，直接影響細胞的健康。這些加工的、含化學
物的食品，其營養價值如同一個塑料袋。當你吃下肚子被消化後，
細胞不會得到應得的養分；或是，你根本消化不了它們，因為人體
內的機制會自動排斥「不是食物」的東西。無論如何，你吃一次這
種「安全的」、「方便的」、「美味的」加工食品，在你的「致癌
物質收集箱」裏肯定又多了一張選票。

只要避開所有標誌着「提高營養」、「特別處理」、「科學改良」、「防腐」、「獨有基因改造」、「適合微波加熱」等任何「非自然食品」，只要相信「快餐食物」、「快熟食物」等於「快死食物」，你就能大幅度降低患癌的風險。

不論高矮肥瘦、性格是樂觀或悲觀、抽煙或不抽煙、健康還是身體欠妥；不論是有錢人或者是窮光蛋，不管你從事什麼職業，癌症總是「冷不防」地出現，殺你個措手不及。從此你就失去了健康，失去了正常的生活，最重要的，你失去了快樂和自由。

癌症是你選擇如何生活所得的懲罰。

癌症是不自愛，或是過於自愛的結果。

適當的，才是健康的。

他們瘋了

素食能為健康帶來什麼好處，可以寫一本書，所以我不專門寫了。不過我想舉一個例子，來說明「偏食」的災難性後果。

《救命飲食》（*The China Study*）是一本風靡一時的健康飲食書。作者 Colin Campbell, PhD 及 Thomas M. Campbell II 總結了他們在營養學科學領域的研究結果。他們指出：「吃最多動物性蛋白質者，有最多的心臟病、癌症和糖尿病。」

我對任何稱之為「科學的」、「專家的」的東西都抱懷疑態度。因為他們是為了某個預定的目的而進行該項目的研究，因此，他們所有的智慧、所有的精力、側重點都自然地偏向這個預定的主題。最後，一定要研究出成績，且爭取成為業內「首創的」、「劃時代的」、「唯一的」。

這樣結果夠客觀嗎？是真科學嗎？

我們再來看看上面這段文字，他們只指出：「吃最多的動物蛋白質」有什麼後果，而他們隻字不提：「吃適當的動物蛋白質」會有什麼好處；他們更不會指出：「吃最多的植物蛋白質」會有什麼災難性的後果。

他們不提，就由我來說吧。

我母親曾於 2004 年暑假到美國旅行，在紐約探望一對夫妻，他們是我父母在武漢時就已經結識的老朋友，來往三十多年了。母親回到香港後，周末我們一起吃飯，她帶來美國之行拍的照片給大家看，自然跟我們提起她探望的這對老朋友，我也很想知道他們在美國的生活，他們是看着我長大的。

「他們瘋了！」母親說話有時就愛誇張，我們都習慣了。她形容住在紐約老朋友家時吃飯受的罪：「他們也太過分了！一日三餐都是吃素，全素，吃了一兩年啦。而且奉行生機飲食，絕大多數的東西得生吃，說怕破壞了營養。」「他們幹嘛要這樣？」我知道

這一定和健康有關。「防癌呀！」母親大人提高了嗓門：「還一個勁兒說我們落後了，形容我們吃的食物全部是『垃圾食物』。住在他們家兩天，每天早上每人一大碗水果沙律，哎呀，我可想喝一杯熱乎乎的奶茶了。你李阿姨馬上用她那尖尖的嗓門教訓我『不行！不行！奶茶屬於加工食品，特別是奶，絕不能喝！』轉眼一大杯橙汁拿過來。到了中午，每人又是一大碟雜菜沙律。整個冰箱裏全是水果和蔬菜，李阿姨從早到晚就在那洗啊、削皮啊、榨汁啊，忙個沒完沒了。」母親開始有道理的時候，說話的音調會降下來：「住了兩天，把我給難受得別提了。他們這樣是不行的，吃東西要平衡嘛，我就不信所有的營養都能從水果和蔬菜中得到。」

在我母親探望他們之後不到一年，這對夫妻在 6 個月內，先後死於胃癌。

因為我寫這本書，我們一家最近又討論這件事。在知道了這對夫妻這種飲食習慣之後，對於他們雙雙死於胃癌，你馬上會有一個直覺：「為什麼這麼巧！？」會想的人都會有這樣的直覺和疑問。

我作了個簡單的結論：「長期吃生冷的水果蔬菜，使他們的胃一直受寒，胃經的氣血循環一定會受影響，繼而會有嚴重問題。吃生冷食物容易生痰，頑痰不化，就會結聚毒血，這非常可能就是他們患癌的原因。而他們自認為全素食是不可能會生癌的，因此忽略了身體可能有的某些徵兆，等到發現時，已經太遲了。」聽完我的「診斷」，我父母異口同聲地贊同我的說法。

這個活生生的例子告訴我們兩個事實：適當的飲食，才是健康的飲食，此其一；其二是：是誰灌輸他們全素食能防癌？是誰鼓勵他們這樣做？

「救命飲食」成了「要命飲食」。

我活着幹什麼

吃東西，除了是因為肚子餓，也會是因為嘴饞，後者已經脫離了純粹生理的需求層面。還有一種情況，更上升至精神層面了。比如約三五知己去吃私房菜，他們當中有的說話特別幽默，你真的很想大笑一下；有的顯然是那種「會想的人」，你有好多問題想跟他討論一下等等。當你早上起牀時，就開始想像着晚上的這餐飯，而這個「幻想」能帶給你一整天的輕鬆和愉快。

這樣吃一頓飯，實在是人生最大的樂趣之一。

在這樣的氣氛中和這樣的朋友吃飯，人人都是無虛的，人人都是富於情理的。你的舌頭被鵝肝和紅酒控制着，而不是被你的面子和理智控制着；在這種情況下，人才是最真實的，也才有可能接近生活的真理。你在一個生意的飯局，甚至在和新相好的女友吃燭光晚餐時都不會找到這樣的快樂。

我相信那對夫妻的決心和意志，就像我相信他們不會真正地快樂一樣。決心和意志畢竟距離快樂還相當遠。他們為了一個既定的、渺小的目標而犧牲了生活本身。遠離了真正的生活，也就遠離

了生活的真理。當初，當他們的味覺和食道受到挑戰時，一定也曾發生了不止一次的「靈肉」交戰，但最後理智佔了上風。當他們周末黃昏在中央公園散完步後回家時，本應很自然地在附近街角那間蛋糕舖買兩塊巧克力蛋糕，作為晚飯後看電視時的甜點，但他們卻藉着自己的意志力走過蛋糕舖的櫥窗。某天女主人打掃廚房，清理廚櫃裏那一整套結婚時就有了的餐具時，眼前是否浮現當初盛在這些碗碟裏的各種美食？或用記憶聞到這些美食的香味？會不會思索他們現在究竟在幹什麼？

一個人為了某種社會的、生理的或是經濟的理由，有意識地用他的意志力去抑制自己去得到那種已經在那裏的、完備和平衡的安逸生活，實在談不上是智慧的舉動。我們現在會覺得他們才是最不理智的，因為這個「理智」是建立在否認人類是有靈魂和自由的……他們大概認為吃飯不過是對身體負責任的一種行為，而忘掉了吃飯實質是生活的理由之一。他們忘了：「我活着幹什麼？」

這也許就是他們雙雙患癌的本質原因吧！？

我曾經看過一個中醫，是我母親帶我去的，她說他是「神醫」。只要在這位中醫住處附近攔下任何一架的士：「去看神醫」，沒有哪一架是不知道的。乖乖！那時我的膽固醇和三脂甘油超標到保險公司要加保費才肯賣保險給我。「神醫」果然神，吃了大半年的中藥加適當的運動，身體所有指標都回落到正常數字。

有個親戚知道我的膽固醇降下來了，她也想降，於是我帶她找

到了神醫。「他要我別吃甜東西。」親戚取了中藥，一邊走出來一邊說：「水果也別吃，別吃這、別吃那，還有一張戒食清單。」她晃動着手上裝着中藥的塑料袋，抱怨着：「我做和尚啊！」她是個樂觀的人，說起話總是笑嘻嘻的，像說笑話。她拿出戒食清單高高舉起來，揮舞着：「這麼多東西都不能吃，我活着幹什麼？」

第六章
地球「癌擴散」的時候

「最嚴重的環境破壞是眼睛看不到的，環保組織也無法對它統計出數據，那就是人類追求利益、無限競爭及貪婪的本性。」

地球環保

人類不再簡單了，這是最大的問題。

我們相信了「不簡單」才是科學的、先進的，我們相信了「不簡單」才是有價值的、有用的。

「電話型號 X5 下個月 5 日推出市場，不知香港會不會和美國同步發售？」我的一個朋友在我家吃飯時告訴我，一種新款手提電話即將推出，「可是 X4 推出市場才一年啊！」雖然我早知會有 X5，但對於這個消息，我還是感覺有些突然。手中正在用的 X4 多麼先進和實用啊。新的出得太快了，有必要嗎？「新的功能多好多，又快些。」朋友滿臉的期待。「你又要換？」我挑釁他，「肯定啦！」「你的工作和生活節奏在一年內增長快得要用 X5 才跟得上？」我語帶諷刺。「總之新款好過舊款。」他是不會改變主意的。

款式一年就舊了？功能一年就落後了？我一點都不覺得呀。是不是我太落後了？

不，不，一年的手機肯定還是很新的，功能肯定還是夠用的，速度肯定還是夠快的。我們之所以不滿意……不，我們沒有不滿意。我們之所以要換新款，只是因為有新款，只是因為有人想要我們買，只是因為我們能買下它。

如果人類有能力換個新款的太陽，他們一定會這麼做的。我敢

肯定，因為它實在太「舊」了。

到底是科技「寵壞」了商業，還是商業「綁架」了科技？

是商品製造者的貪婪誘導了人類中那些意志薄弱者，還是這群強大的意志薄弱者主導着商品市場？

任何一家跨國大企業，是不是應該有自己的靈魂和追求？你們雄厚的資本和先進的科技，難道不能用在你們想做的事上嗎？難道真的、或許你們正在做的，就是你們想做的？難道你們這些聰明的投資者、超級 CEO 們，不知道做一個實際上沒必要的「新款」，地球和人類要付出和承受多麼大的代價嗎？難道你們的慧眼看不到你自己和你的家人以及你一代代的後人，直接承擔所有可能的風險嗎？

地球「癌擴散」的時候，我們的後代怎麼辦？

你們現在的能力連癌症都治不好（相信短時間內不會有奇蹟），也不能修補臭氧層的破洞，更不要說飛離地球，到其他星系另謀住處。那，為什麼要害自己？沒能力做好事，能否少做點不好的事？

這樣失去理性的發展，簡直就是人類發展的「癌變」過程。

出門旅遊，我們總不忘提醒身邊的孩子要有禮貌和責任感，因為我們是遊客。入境隨俗，尊重當地人，有責任保護當地的生態環

境和衛生，這是作為一個遊客的天職。

你們坐在海邊欣賞落日之前，你們在林蔭大道散步之前，已經有多少代的人曾「使用」過這些地方。這些先人留下給你們的，你們能夠把它們「照樣」留給「使用」這些地方的下一代嗎？正如你們的上一代留給你們的？

誰說你們是地球的主人？你們只是旅行者，你們只是過客。你們憑什麼把你們「旅行」的地方搞得一團糟？

記得小時候在武漢，夏天一放學就和幾個要好的同學去位於學校後面的池塘游泳。放下書包，脫掉衣服，一頭扎進清涼的水中。頭上藍天白雲，池塘水裏的水草清晰可見，無愁的少年，盡情地享受着大自然的供應。從初中一年級到初中三年級的幾個夏天，那個池塘成了我們的「私家泳池」。有天我們如常在池塘中戲水，大家都在水裏聞到了一陣陣強烈的「煤油味」，當時各人再也不敢把頭扎進水中潛水了。回到家後，用肥皂洗了好幾次，才把身上的「煤油味」洗掉。我們只有「放棄」了池塘。那個夏天是個多麼失落的夏天，我還記得。

一份「綠色和平」組織的調查文件顯示，在中國生產一條牛仔褲，需要經過多個步驟，包括密集式的化學洗濯、印刷、漂染和打磨。這些過程全部會釋放出很多有毒化學物質，並排放到當地的河流。這些有毒化學物質不但污染水源，破壞生態環境，更毒害以這些水源為生的、數以百萬計的人民和兒童的健康，讓他們承擔患肝

臟疾病以及幾乎所有種類癌症的風險。不止是牛仔褲，我們經常購買的衣物，包括胸圍、各類衫、褲、裙子及運動服裝，大多都是這樣生產出來的。目前中國有 133 個以紡織業為生的城鎮，五萬多家紡織廠散佈在其中。

這些紡織廠日日夜夜生產着不少我們熟悉的世界名牌服裝。

冰山一角！

我有個朋友，他在香港買了一塊地，計劃為全家建一座「全方位」的環保大宅，當他知道這座環保巨宅其建造成本和達到的環保效益，需要 88 年才能達致平衡時，他作了一個真正環保的決定：放棄環保方案，蓋一座「普通」的住宅。

很明顯，他是個會「想」的人。我們需要這樣的人。

我們一方面超需求的發展，一方面又想去保護因這個過度發展而在改變的環境。為了環保，我們就專門研製環保產品；為了更環保，我們就花更多錢、研製所謂高科技的環保產品。地球人啊，你們究竟是因為什麼原因變得如此愚蠢？「環保手段」想要解決的問題，只是個病症，病因其實是在人身上啊！治病不治因，能治好嗎？

環境保護要學中醫「治未病」。治未病就是防患未然，去找真正的原因（這需要正確的診斷觀念和智慧）。等你看到化驗報告了才來治，就不好治了，因為疾病已經根深蒂固；反過來說，化驗病

情是個被動的步驟：你已得上病了！

全球暖化融化了南北極的積冰範圍，導致海平面不斷升高，各地的森林和大草原逐漸縮小，有些甚至已經消失，嚴重影響氣候和溫度，亂伐森林導致地下水流失，部分海洋、河流的魚類被警告不能食用，因為受到工業企業排出的毒素影響，城市地下水也受到污染，使我們的食水不再安全……

所有這一切我們所付出的、不可挽回的代價，就是為了製造一代又一代的「新款」。

我們真的需要這麼多「新款」？

新款牛仔褲、皮鞋；新款電腦、手提電話；新款汽車……

最嚴重的環境破壞是眼睛看不到的，環保組織也無法對它統計出數據，那就是人類追求利益、無限競爭及貪婪的本性。

品牌

如果一家企業的品牌價值大過它所賣的商品價值，毫無疑問這是一個成功的品牌。

成功的品牌代表了唯一的、很難取代的地位。

一個人，也有自己的「品牌」。

你用你的姓名、樣貌、語音和舉動建立自己品牌的基礎，還要加入善良、寬恕、容忍、謙遜等不可缺少的品牌價值，另外不能缺少的當然還有智慧、勇氣、膽識、品味等品牌氣質，如此塑造出一個「你」這個人的品牌形象。

試問你身上還有什麼，它們是能夠幫助你的品牌成長的？嗯……對了，有。健康、衛生的身體；整潔、合適的服飾。還有什麼？

還有什麼？

不為五斗米折腰

細胞生物學過去 10 年作了大量研究，證明人的基因有機會被環境和情緒所影響或改變。

現代的人，為了什麼都會去「折腰」的；或者說，他們已經失去了「腰」？還是說，他們根本不知道何謂「腰」？

相傳陶淵明當縣令時，有一次郡督郵（古時官名）要來縣巡視，下屬告訴他應該束帶迎接（就是特首要來參觀，你最好打領帶穿西裝，恭恭敬敬地迎接。）他嘆息道：「我不能為五斗米（工資）向鄉裏小兒折腰。」更在當天辭官歸隱。

陶淵明出生於東晉時期（約公元 372 年），在他 29 歲時，和我們現在大多數人一樣，為了生計以及實踐建功立業的抱負，下

場做了官。12 年的官場生活並不適合他，於是在 41 歲時終於辭官（現在稱辭職）還鄉，重過恬靜的田園生活。

他為此寫下了〈歸去來兮辭〉。這篇賦記述了他人生這一重要轉折，表達出回鄉的快樂心情。這篇賦也成為中國最偉大的詩歌之一。

顯然他辭官是必然的，湊巧遇到上司巡視而「不為五斗米折腰」，繼而在當天請辭，這是偶然的，上司巡視只是個「導火線」。「既自以心為營役」，他早就察覺到自己的心靈受到身體（環境）的限制，他在下決心的那一刻，恐怕還有些埋怨自己為何不早些這樣做呢？「知來者之可追。」他畢竟逮住個機會辭了官，回復自由了，怎麼說都不算遲。做到了「回頭是岸」，不嫌遲，最怕執迷不悟。「覺今是而昨非。」回首往事和環境，更加肯定自己所選擇的。

他受我推崇，是因為他簡單。他不會被權勢、名銜、財富等人造的幻想所蒙蔽，他不相信這些東西能成就他的「品牌」。這種人除了簡單以外，通常也是會想的人，其想法也不複雜。他知道人生真正的舞台在哪裏，而不像那些想做那「唯一」的，不願離開虛幻的舞台，忘了（或根本不知道）還有真正生活的舞台。他們只是為了社會上的人喝彩而活，不是為自己而活。

他雖然好酒，卻是個自愛的人。

　　他是個和現實無法妥協的人。我們身邊也有這樣的人。但陶淵明選擇了，他走前了一大步。有人說，他這是逃避主義，我不同意。如果他出家做和尚了，也許可以這樣下定論。但他沒有。他主動地換了一個生活方式，並在新的生活方式下享受生活。他「逃避」的是做官、不如意的、世俗的生活，而不是生活本身。

　　如果你是鋼琴老師，你應該非常容易體會到什麼叫有選擇。每逢公眾假期，你沒有選擇地要坐在鋼琴旁的櫈子上教琴，即使外面風和日麗，你渴望到海邊透透氣；即使你已經教了無數個公眾假期，但，今天這個公眾假期……還是教吧。其實你是知道如何選擇，自己會有一個如何的公眾假期的，但你今天沒有為自己選一個「例外」。

　　陶淵明追求的是活生生的生活本身。「狗吠深巷中，雞鳴桑樹頂。」這樣一個簡樸的畫面，就能令他嚮往和快樂。他絕不是逃避，他是選擇，他倒掉杯裏頭的，好加進新的。

　　對我來說，追求快樂的生活比追求奢華的生活要容易得多。一邊暢快地如廁一邊看汽車雜誌，對我來說是世界上最亨受的事情之一；獨自一人在熟悉的茶餐廳外路邊的飯桌吃一頓午餐，悠閒地看着來往的人群，也是世界上最輕鬆愉快的事。

　　陶淵明和朋友喝酒談天玩音樂，他會抱着他那把無弦的琴，撫摸着、吟唱着，他說：「但識琴中趣，何勞弦上音？」

生活的享受如果僅僅是物質的，又或者僅僅只是精神的，都不是真享受。你從手提電話中聽到老婆溫順的聲音，你駕車在寬闊的高速公路上行駛時忽然看到天空一道彩虹，與三五知己邊吃邊暢所欲言，這一切都是以物質作為基礎的，但最後是在精神層面為你帶來快樂和滿足。

手中沒有新款手提電話，你聽到的也是老婆那溫順的聲音；駕駛的不是最新款的汽車，也一樣會在寬闊的高速公路上看到彩虹……

陶淵明深明生活的道理。但你如果問他對環保有何看法，他肯定不會明白，並且反問：為什麼要環保？

他也肯定不知什麼是癌症，在那「採菊東籬下，悠然見南山」的環境和心境下，人應該是很難得癌的。

就算萬一真得了癌，當他了解到治療的方式和可能性之後，一定會選擇照自己的生活方式，繼續生活。「聊乘化以歸盡，樂乎天命復奚疑！」順應自然一直走到生命的盡頭，樂天知命哪還有什麼疑慮！

第七章

萬物生長靠太陽 *

「被這些致癌物擋掉了的，恰恰是能幫你防癌和治療癌、能令你健康和快樂的陽光。」

* 本節關於陽光和健康的醫學資訊，全部取自安德烈 · 莫瑞茲（Andreas Moritz）醫生所著《癌症不是病》一書。

萬物生長靠太陽

太陽，是上帝給人類最大的物質上的禮物。

人們為什麼那麼喜歡曬太陽？

地中海區域的人除了皮膚比較黑以外，為什麼不像北歐或美國人那樣肥？

為什麼下雨天心情會差些？

北歐國家的自殺率為什麼高？

我們不妨留意下經常在烈日下勞動的中國幾億農民，他們幾乎天天曬太陽，但皮膚癌並沒有成為農民的「殺星」。

以上這些問題的答案全部和太陽有關。

聰明的人類會曬太陽，將自己的身體暴露在陽光下，是因為他們知道獲取陽光的好處。

但人是生物類裏最不能控制自己的，或許這也是人又不能算是「普通」生物的一個原因吧。在知道曬太陽的好處之後，他們就不停地曬，就像他們知道其他有好處的事（物）一樣，以為撈得愈多

就愈好。

科學已證實紫外線（陽光裏的其中一種能量），能啟動一種稱為「Solitrol」的皮膚荷爾蒙。Solitrol 影響我們的免疫系統，以及許多我們身體的調控中心；而且和松果體荷爾蒙──褪黑激素一起改變了我們的情緒和日常的生理節奏。

難怪陽光充足的沿海國家或城市都是度假聖地。

你會不會忽然想到，為什麼西班牙人那麼喜歡跳舞，而意大利人那麼喜歡唱歌（前後兩個現象是就普遍意義來講）。而你絕不可能想像一個瑞典女人會像一個西班牙女人那樣跳舞跳得騷在骨頭裏，也絕不可能想像一個冰島男人會像一個意大利男人那樣唱歌唱得性感。

這個現象和人的修養、愛好沒關，它和生理有關，它和陽光有關。

陽光影響生理和情緒，陽光帶來活力和快樂。

早上起牀拉開窗簾時，如果外頭陽光燦爛，你的心情會很舒暢。相反，外頭要是陰天且下着雨，你的心情可能大受影響。現在你可能已經知道，原來那不一定是因為下雨會令你不方便而使人不快，而是更微妙的、大自然對生理的作用。事實上，有時天就算不下雨，只要是陰沉沉的，你的心情也不會爽，因為沒有了陽光。

住在近北極圈地區的人，每年要經歷好幾個月的黑暗。長時間曬不到太陽，他們身體內的各種生理機制會嚴重失調。所以，北歐地區的自殺率曾是全球之最。因為在沒有陽光的日子，他們易怒、疲勞、失眠、憂鬱。另外，他們患皮膚癌的比例，比地中海群島地區常受太陽照射的人們高出近十倍。

另外，普遍來說，北歐地區有不少人屬於肥胖。因為陽光中的紫外線和紅外線，會刺激甲狀腺以增加荷爾蒙的產生，進而增加身體的基礎代謝率。這能促使體重減輕，並增加肌肉的生長。人工農場飼養的動物被關在室內時，肥胖的速度會快得多，不曬太陽的人也是這樣。

這令我想起在美容院做昂貴的減肥套餐的女士們，還有那些在室內跑步機上跑得滿身大汗的時髦男女……他們實在是應該走出低氧、少負離子的溫室，走進大自然中去曬些太陽。

皮膚癌的疑惑

女士們請留意：「你們想要減肥或增加肌肉的強度，就該讓身體暴露在陽光下。不過這可能有一定的代價。」「什麼代價？能減肥什麼代價都行！」「真的？」「真的！」「曬太陽時不能擦防曬油。」「你神經啊！不能擦防曬油？我可最怕被曬黑了，而且還會得 Skin Cancer。」

你在街上隨便問幾個人，曬太陽對人有什麼影響，你只會有

為了活得明白，我探索生命

兩個答案，一個是積極的，一個是消極的。積極的是曬太陽會補充鈣，也就是維他命 D，消極的是曬太陽會得皮膚癌。不幸的是，在我問過的人當中，答案大多是屬消極的。

人人都怕曬太陽，因為人人怕得皮膚癌。這可是個天大的誤會！

幾千年以來，中國的農民（其他國家的農民也一樣），日出而作，日入而息，面向泥土，背朝藍天，一年 365 日，十年如一日地在曬着太陽。他們可能到現在還不知道什麼叫防曬油，更別説用它了。照理他們當中「應該」很多人得皮膚癌才對呀？還有那些生活在陽光充足的、經常暴露在陽光下的那些地中海群島上的人呢？為什麼我們這些追求健康生活的、一年難得真正曬上幾次太陽、度假躺在沙灘椅上想從陽光得到好處的現代人，會在一樣的陽光下得皮膚癌？

原因簡單到你不會相信！

問題就出在防曬油上。

問題就出在那些貪心又貪漂亮的人身上。當初，他們知道了曬太陽的好處，便以為愈曬得多就愈好，於是就拚命去曬。後來，他們發覺曬多了太陽，皮膚會受到傷害，但又不願「少」曬，於是他們就發明和使用防曬油了。

將近有 600 種的防曬用品裏，含有一種稱之為二苯甲酮

（Oxybenzone）的有害化合物；多數幫你阻擋陽光的油、乳霜和乳液裏，也含有一種叫亞佛苯酮（Avobenzone）的有毒化合物。還有不下十種的致癌香料和化合物，例如對氨基苯酸（PABA）和對氨基苯酸酯（PABA ester）、肉桂酸鹽類（Cinnamates）、水楊酸化合物（Salicylates）、棓醯棓酸三油酸酯（Digalloyl Trioleate）、鄰氨基苯甲酸酯（Menthol Anthranilate）及無數從石油化工原料提取的合成物質。所有這些化學物質在燦爛的陽光下，被你的皮膚「如飢似渴」地吸收。

你用錢買來保護你免受紫外光刺激而致癌的先進東西，有可能是致癌的。被這些致癌物擋掉了的，恰恰是能幫你防癌和治療癌、能令你健康和快樂的陽光。（陽光裏還有所有生物、植物不可缺少的遠紅外線，它被美國太空總署稱為「生命之光」。）

陽光中的紫外光（有分不同強度）也是正常細胞分裂時所必需的。缺乏陽光會中斷正常的細胞成長，因而可能導致癌症。研究顯示，至少 13 種惡性腫瘤是因為缺乏陽光引起的，多數是生殖系統和消化系統方面的癌症。例如乳癌、結腸和卵巢癌，還有膽囊、子宮、食道、直腸和胃部的癌。

早在 1933 年，研究人員就已發現，陽光被證實能對 165 種不同的疾病產生治療效益，包括結核病、高血壓、糖尿病和幾乎所有形式的癌症。

一周至少 3 次在有陽光的戶外半小時，而且要避免使用防曬產

品，你才有可能得到從陽光而來的好處。

太陽眼鏡

人類最擅長的事情之一就是諷刺自己。另一件是本末倒置。

任何人戴着太陽眼鏡，都會憑添風度，太陽眼鏡的確具有某種吸引人的功能。不過你知道嗎？它還有另一個不「怎麼好」的功能。

你如果經常戴太陽眼鏡的話，它會阻擋眼睛從陽光吸取身體必要的生物功能所需要的光譜（各種能量）。當眼睛的視覺神經感受到陽光，腦下垂體會產生增加黑色素細胞（Melanocyte）的荷爾蒙。黑色素細胞會產生褪黑激素，這種色素賦予皮膚天然的顏色，並抵禦日曬。當你暴露在陽光下，黑色素細胞會產生更多的色素，使皮膚變成棕褐色或黑色，然後你的黑色素細胞會開始產生褪黑激素，從而保護皮膚減少陽光的負面作用。

你戴着太陽眼鏡一方面悠然自得，一方面以為在維護自己的健康時，太陽眼鏡正在阻斷身體產生黑色素細胞來保護你的皮膚不被曬傷。因為眼睛沒有吸收到紫外光，你的腦下垂體以為天已經變黑了，因此它會減少黑色素細胞的促進激素（Melanocyte-stimulating Hormone）。繼而，你的皮膚會產出較少的褪黑激素，皮膚或因此受損。

哎呀，太陽眼鏡！為什麼是它？是的，是它。你捨得放棄嗎？

或者，至少少戴一些吧。

日光浴

日光浴和皮膚癌，它們之間的確有關係。發明日光浴的人，是對人類健康最有貢獻的人之一，如果有諾貝爾健康獎，他受之無愧。但這個傢伙忘記了同時傳播另外一個重要的指引（我估計他喜歡喝酒），給那些最早追隨他做健康日光浴而且上了癮的人們（什麼事上了癮的話，麻煩事就會來）。他忘記了告訴大家什麼重要的事呢？他忘記告訴人們每天曬日光浴不能超過的時間。在一傳十、十傳百的「羊群運動」影響下，人們早就把過量地攝取紫外光可能會令某些皮膚細胞壞死的事拋到沙灘椅下面了，這樣還不出事？還有那些不知道曬太陽是生理健康的需要，而只要「健康膚色」的時髦人士呢？

會想的都知道，自己少曬一點太陽，不就沒事了嗎？不，有些人偏不，這些喜歡折騰的人，他們為了能讓自己一整天躺在那兒曬（以一天的紫外光攝取量計算，他們肯定多過農民），又怕曬傷皮膚，就發明和使用防曬油了。從此，他們把自己的健康交給了防曬用品，躺在那兒「安曬無憂」了。

防曬產品商不會告訴你，皮膚不像你體內的消化系統，有本事過濾一些有毒物質。實際上皮膚沒有任何自衛能力，只能像嬰兒吃奶一樣，全部「吃」掉這些防曬品裏的致癌化合毒素。

為了活得明白，我探索生命

各界對使用防曬產品最大的出發點，是它們能預防皮膚癌。他們假定了只要一「碰」到陽光，你就可能會得皮膚癌。

又一事實

美國加州大學 Dr. Cedric Garland 及 Dr. Frank Garland 在〈防曬產品可能增加黑色素瘤的風險嗎？〉*一文中指出，並沒有科學證據顯示防曬產品可以預防黑色素瘤（皮膚癌）或基底細胞瘤在人體上發生。根據 Dr. Garland 所說，化學防曬產品的增加是造成皮膚癌的主因。外國有研究發現，假日時使用防曬用品的小孩，回家後有更多的皮膚斑點：這可能是癌症風險增加的徵兆。

1998 年 2 月，紐約 Memorial Sloan Kettering Cancer Center 的病理學家 Marianne Berwick 在美國科學促進會（American Association of the Advancement of Science）的年度會議上，展示了一份資料**，比較使用防曬產品和皮膚癌的關係。她的結論是：防曬可能無法預防皮膚癌，包括黑色素瘤。「我們真的不知道防曬產品是否能預防皮膚癌。」Dr. Berwick 說。她的論點是，被太陽「曬傷」皮膚（其實不是太陽，而是你自己。）本身並非是造成癌症的直接原因，而是因為那些人遺傳上較敏感且容易形成皮膚癌，因此與他們在陽光下的暴露程度或有沒有用防曬產品沒有關係。

會想的人看到這裏起碼意識到兩點：第一，曬太陽對健康的好處；第二，防曬用品實際的作用和它們的壞處。

太陽已經存在千千萬萬年了，我不會懷疑它的價值和可靠性。如果我們真的有需要用這麼多種防曬產品的話，是不是應該先搞清楚它們可能存在的風險？

*Garland C, Garland F, Gorham E., "Could sunscreens increase melanoma risk?" Am J Publish Health. 82(4):614-5, 1992.

**Berwick, Marianne, "Sunscreens May Not Protect Against Melanoma Skin Cancer." Science News, Science Daily, New York, 1998.

防不勝防

科學家最近發現了一種宇宙射線，它的每一個粒子有 1,000 萬個電子伏特的能量，是一種極硬的粒子。我們身體每一平方厘米的面積在一分鐘內，會接受一個這樣的粒子。算一下你一小時會接受多少個？一天又是多少個？可別嚇死自己！

這個宇宙現象屬於高能量子物理研究的範疇，平常人無法了解，但它每時每刻活生生地發生着。目前科學還無法證實這個射線對人類健康的影響，但高能物理學家們並不擔心，因為從人類目前的健康狀態來看，顯示不出它對我們有什麼負面影響，反過來也一樣。但有一點又是肯定的，不論此射線是「好」還是「壞」，我們的科技暫時拿它還沒有什麼辦法。別說防曬油和太陽眼鏡，地球上沒有任何物質能阻擋它，它穿過屋頂、穿過你，直達地下 1,000 米才會停下來。

第八章

野蠻

「就用光。不用物質，只用大自然的材料。所以，它
如此具有神性，如此接近神的智慧、創造和心意。」

野蠻與文明

有不少書籍告訴我們，人是從魚進化來的，魚之前是什麼，再之前又是什麼，那些東西的學名及形態比較不容易入腦。所以，一般只從魚說起。

後來老師又告訴我們，之所以人有智慧，是因為人腦發達，人腦發達，是因為人用雙手勞動，促進了腦子的發展。

小時候，有兩件事特別吸引我。一是走獸，二是天空。前者讓我有一個至今百思不得其解的疑問。老師不是說人腦的發達，是因為我們用雙手勞動刺激腦部的發展而成的嗎？那些和我們一齊從魚演化出來的動物，牠們也有用「手」啊，牠們還四肢並用呢；而且用得比我們又快又靈活，牠們的腦應該比我們更發達才對呀。多少年過去了，牠們的四肢不單沒有帶給牠們發達的大腦，牠們連站都站不起來。

我最喜歡看星星。不知道為什麼，夜晚天上那燦爛的繁星，使我無限神往和感動。我對自己提出了一個不會有答案的問題，但對這個問題本身，還是蠻有滿足感的：天上數不清的繁星，是不是「某種生物」的「細胞」呢？

那時我大概 10 歲左右吧。

美國人類學家羅伯特·路威（Robert H. Lowie）在談到文明人和野蠻人時說過一句話：「因為我們能買火車票或開關電燈，我們

就可以説我們的腦筋比他們（野蠻人）強嗎？」*

　　父親因感冒去看西醫。在候診的時候，聽到醫生和病人的對話。對了，先交代一下，他那次看醫生，是在他深圳的住處附近。父親説，當時他聽到醫生和病人的對話，馬上就有些激動。病人告訴醫生，他的咳嗽一直不好，想找個中醫看看。醫生卻制止，並且説中醫是一種非常落後的事物，理由很簡單，幾千年以來沒變過，還在用什麼草藥、針灸……坐在旁邊的父親再也忍不住了，提起嗓門：「你怎麼這樣説，太荒唐了！別人説就算了，你是什麼？你是個受過教育、治病救人的醫生啊！」「小點兒聲，小點兒聲，您別那麼激動。」醫生一邊為病人寫病歷，一邊不緊不慢地答上一句，連頭都不抬。父親不放棄：「所有有扎實醫學概念的醫生，都應該知道，中醫的那套理論是醫學的根本基礎。」醫生這時才慢慢抬起頭，看看是誰在説話，然後又低頭處方，並用一種不屑一顧的語氣説：「老人家，中醫落後西醫多少年你知道嗎？你要是心臟病發，中醫的藥方還沒寫完呢，你就沒命啦！只有西醫做心臟手術才能救活你。哪個中醫會做手術？」

　　聽父親講到這裏，我真害怕他當時心臟病發。

　　會想的都知道，開刀是最後的醫療方法，也就是已經沒有選擇餘地了。很多時候醫生都會説，能不開刀就不開刀（鼓勵病人開刀和消費的醫生另當別論）。再不動手術，你就會有生命危險。無奈，我們只好這樣做，不這樣就會沒命。這不算科學。科學的話，就不需開刀了。科學的話，早就防止你生病了；科學的話，早已治好你

的病了。誠然，我佩服那些名外科醫生，他們利用先進的儀器和自己純熟的手法，準確、俐落地把壞掉的組織切除；或者像老師傅修理精密的汽車引擎，幫你做各種心臟手術，讓它恢復正常功能。但坦白說，在我看，外科醫生所做的事，不完全是屬於醫學的。

脾臟最重要的功能是代謝紅血球，中醫所謂「脾清血」。整體循環不好，脈診首先要看脾；在生理學上，脾是分解壞死的紅血球的。脾也和腸胃消化、免疫力有極大的關係；脾強，免疫力就強。中醫的理論還說，脾臟主運化，胃主受納。也就是說，吃下胃的食物，要靠脾把它們轉化成氣血，再傳送到身體的臟腑器官。還有，如果一個人沒什麼食慾，消化能力弱，這表示脾出現了問題。所以中醫說，腎是先天之本，脾是後天之本。

這個重要的後天之本，在西醫眼中，「只不過」是個免疫力有關的器官，是可以不要的。如果病人的肝臟不好，為了保護肝，西醫就會把脾臟摘掉。從此，這個人變成四臟六腑了。沒有脾臟，這在中醫是不可想像的災難；在西醫只是個醫療措施。

科技的發達和文明是否有關呢？它們應該有關嗎？

這算是笑話，還是悲劇？

中醫不是十全十美的。

就拿普遍香港中醫師的形象來說吧。一般的中醫師都是上了年紀的男人，外貌和那些剛從醫學院畢業的、意氣風發的年輕人沒得

比；也沒得和已上了年紀的西醫比。前者比不上精神面貌和前途，後者比不了風度修養和身家。真的沒法比。

　　再回頭看看老中醫。他們握筆的那隻手，在寫字的時候老是不停的抖，把本來就看不明白的各種草藥名稱，搞得比阿拉伯文還難看懂。如果看的是名中醫師，又怕排長隊，你還得趁早，以致他把你脈的時侯，你無意看到了他眼角上的眼屎。當你把那張感覺像髒衣服一樣的處方紙拿到藥櫃那邊時，你又看到抓藥師傅那長長的、裏頭藏着黑色污垢的指甲。要不是這個中醫師治好過無數次你和你家人的病，你是不可能忍受這一切的。

　　人類如果挑選世界第九奇觀，我認為中醫的經絡穴位理論應該當選。幾千年以來，由於科學水平的局限，沒辦法證明經絡穴位存在的物理證據，直到近十幾二十年，人類利用較先進的物理技術，才能從某些方面證明經絡穴位的物理性存在。而這些經絡穴位的理論和實踐，五千年前就有了！

* 羅伯特 ‧ 路威：《文明與野蠻》，呂叔湘譯，三聯書店，2008 年。

光的十字架

　　安藤忠雄，日本著名建築設計師。他所設計的位於日本大阪府的「光之教堂」，獲得二十世紀教堂設計大獎。這也是他最具代表性的作品。這座教堂只用了兩種建築材料：水和水泥。踏入教堂，你看不到在大多數教堂能看到的那些東西。在這座現代化教堂內，

幾乎空無一物，只有四堵結實的水泥牆。但當你的目光自然望向前時，你猛然看到，在正面的牆上有一個十字架。但它很特別。這個十字架實際上是一道十字光：設計師在水泥牆面開了一個十字架形的口，巧妙地利用教堂外面的自然光，呈現十字架的形象。可以想像，在教堂內昏暗的環境下，這個「發光的」十字架，帶給看到它的人怎樣的震撼和感動。這個設計是如此簡單和自然，表現出設計師的追求、價值、品味和膽量。

每次旅行，不論是在什麼地方，我一定不會錯過看到的教堂，總要進去看看。許多教堂的設計、氣氛都美侖美奐，令人感動。每座教堂聖壇上的十字架都是金光閃閃，傳達着上帝的形象：純美、純善、純愛、公義和尊貴。

安藤忠雄先生設計「光之十字架」用的材料，不是用金銀寶石打造，也不是用什麼流行的現代建築材料，他用的材料是光。就用光，只用大自然的材料。所以，它如此具有神性，如此接近神的智慧、創造和心意。

它是神的作為。

神行事奧妙，又如此簡單。

在各個領域，我們都需要「光之十字架」。

我希望我教的那個高高瘦瘦的、有志學醫的中學生，將來成為醫學界的「安藤忠雄」。

第九章

人體環保教育

「我們身體的純淨和自然修復功能，正遭受到空前的
威脅。正如地球那茂盛、肥沃的森林和土地，遭受到
現代化發展的威脅一樣。」

人體環保教育

如果你不同意人體就像地球一樣，是一個整體的生態系統，你可以跳過這一節。

陶淵明反問為什麼要環保，是有道理的。如果環境本來就好好的，環什麼保？

影響人類健康的除了生活環境和加工食物以外，接下來就是藥物了。

藥物直接或間接影響你的健康。多數藥物中所含的化學合成物，其目的是抑制或引發細胞有特定的反應。我們對人類能有這樣的本事，其實是挺感自豪的。因此，在有需要的時候，我們會毫不遲疑地使用這些藥物。

表面上這些藥物能夠很快達到預期的效果，但事實上它們正在慢慢地，卻是嚴重地破壞身體的自我修復功能，而那正是你與生身俱來的、最自然地抵抗大多數疾病的有效「藥物」。

不僅如此，不少藥物都有致癌的風險。因為這些藥物會干擾人體的免疫系統和細胞自身的「生活規律」，它們自然地會造成得癌的風險。

我們做小孩的時候，一生病就被大人領着去看醫生，等我們自己成大人了，我們便領着自己的小孩去看醫生。醫生能做的，就是

開藥給你。小小一個感冒，你就會拿到五顏六色的好幾種藥，退燒的、止鼻涕的、止咳的、防敏感的、消炎的。他們不敢開十幾種藥給你，你知道為什麼嗎？怕你起疑心呀。

「病不起」是現代都市人的擔憂。「病不起」不是因為他們付不起醫藥費，一次小小的感冒能花多少錢？他們「病不起」是因為沒時間。生病了，最理想是好好休息，自然康復，但這需要時間。我們哪來時間康復？於是我們必然會選擇使用那些藥物（化學品），因為這樣能使我們的身體馬上「好轉」。

其實這些被稱為「藥丸」的化學品，未必能使你的疾病好轉，它們反而抑制身體的自癒力，以達到表面舒緩症狀的效果。真正的藥物不是抑制令你不舒服的症狀，而是會支持並協助身體去完成它已經開始的自我療程。就這個醫療概念和邏輯來衡量，中醫比西醫先進了 30 個世紀。

早餐時間坐在對面的太太：「如果現在你感冒了，你的第一個感覺，或是第一句想說的話是什麼？」，她頭都不抬地回答：「麻煩，流鼻涕，還得上班。哪有時間病！」

如果有什麼藥能馬上止住鼻涕，又能不頭痛，又能照常上班，她會忍住不吃、去讓什麼身體自我修復功能運作，慢慢地、徹底地康復？省口氣吧，絕不可能！因為沒時間。

我十分肯定，這是現代發達社會每個人的「標準」答案和選擇。

我們就是這樣對待自己的身體。我們什麼都要快，從生病到康復都要快。我們「病不起」，是因為康復起來太麻煩，我們吃那些現成的、「有效」的西藥，只是想快點好，因為病太浪費時間了。我們沒時間。

　　我們就這樣掉進了藥物的陷阱。

　　有位女士跟我學琴，她恐怕是我的學生中年齡最大的，我很願意教她，因為她熱愛音樂。她本人任職一家做電腦程式的美國公司，負責某一個部門。每個周五晚上在我這裏上完鋼琴課，還得趕回公司再做上一會兒。工作繁重，壓力極大。我把問太太的問題拿來問她，她想了幾秒鐘回答說：「如果我今天病了，我最擔心的是公司裏頭誰能幫我完成今天的工作。」

　　沒有人會想想自己的身體。

　　我問她：「科學從來沒有像今天這樣發達，物質從來沒有像今天這樣豐富，醫學從來沒有像今天這樣昌明，為什麼我們連病的時間都沒有？」她站在電梯門邊，對着我苦笑了一下，回答不出。

　　物質文明發達的指標，是否包括每個人都擁有很多時間？是否包括把人的健康、幸福放在第一位？

　　電視上有不少廣告，展示他們製造的藥物多麼有功效。他們告訴你，你一點兒也不用擔心上班時發燒，因為你一旦吃下他們的藥，不僅僅能夠立即退燒，而且比發燒前更有勁頭去打字。他們絕

不會告訴你，不要隨便阻止身體發燒，你之所以發燒，是因為身體內的自我修復功能正在緊張地工作，你的免疫大軍正在圍剿「入侵者」，而發燒就是這些現象的具體反應，證明你是健康的。

吃抗生素不能空肚子，因為藥裏的成分會令你噁心或是胃痛，他們反覆囑咐你一定要飯後才吃藥，好像令你不舒服的不是那些強烈的化學品，而只是因為你空肚子吃。你這個不聽話的病人！從此你也相信了，只要不空肚子吃那些（毒藥一樣的）抗生素就沒事兒了。

醫生和病人都相信現代藥物能成功干預細胞的運作，是先進醫學的具體展現，大家都不再懷疑、習以為常。前者根本就是學習用這些藥物治療疾病，後者則從小到大吃這些藥物治病。

雖然大多數藥物都有副作用，但由於它們是「藥」，是醫生開的，是「科學的」產物，縱然有千千萬萬的例子，我們仍然不願拋棄這些只是快速緩解病症，有無數無名的副作用，事實上也是長期抑制，甚至摧毀身體自然修復功能的致癌化學品。

我有個讀中三的女學生，最近一次來上鋼琴課時，我發現她滿臉紅斑。她本人是個蠻漂亮的女孩子，我忍不住問她怎麼回事。她告訴我前幾天得了腸胃炎，去看西醫，吃了抗生素之後，第二天發現臉上和身上都生了紅斑。我問她有沒有再去看醫生，了解一下原因，她小聲地告訴我她沒有，不過她覺得是吃藥導致生紅斑的，而且那幾天身體非常不舒服。最後她說，反正現在不再拉肚子，算了。

我覺得應該把基本的醫學健康知識，特別是中醫的養生防病之道加進中、小學課程，畢竟教導他們如何正確「使用」和「保養」自己的身體，比使用和保養電腦更重要。最好再加進一些基礎哲學課程，畢竟加強人腦的思考和判斷能力，比會編寫和使用電腦程序重要。

教育的最終目的，是教導我們如何生活。但是在學校裏，我們把愉快的學習變成了機械式、劃一的重複和死記硬背。當孩子們開始有思想時，我們便用大量的、固定了尺寸的知識去塞滿他們純潔、敏銳的頭腦。他們也許從小就知道了很多知識，卻因此漸漸失去好奇心，只懂接受，不去追究，用知識為自己築起一座「四方城」，最後在裏面失去判斷力和創造力。就像那些長期吃藥的老年人，他們的細胞膜因化學物質的累積，變得像厚厚的磨砂玻璃一樣。任何一個兒童的細胞膜都如薄水晶一樣通透，這也是為何小孩子的身體康復能力特別強的原因之一吧。

細胞膜是否具有良好的穿透性，直接影響細胞的氧和二氧化碳的交換能力，繼而影響身體基本代謝和免疫力。

駕駛汽車時，我們的視覺神經會隨着車速而產生變化，車速愈高，視線就愈窄。在高度發展的物質文明下（如果還叫文明的話），人類的視野和健康也縮窄到了一個空前的程度。

我們身體的純淨和自然修復功能，正遭受到空前的威脅。正如地球那茂盛、肥沃的森林和土地，遭受到現代化發展的威脅一樣。

為了活得明白，我探索生命

前者和後者正逐漸失去它們的領域，開始放棄它們生長的希望。

扔掉微波爐

上世紀九十年代初，我父母移民來了香港。母親是一個非常會生活、非常能幹的人，對什麼事都有興趣，敢作敢為，勇於嘗試。她的這些優點用在選擇日常生活用品時，更加表露無遺。

有次大家一起吃飯，她瞪着我，語帶譏笑地說：「什麼？你們連微波爐都沒有啊，太落後了！」我慢慢地解釋：「媽，你剛來香港，什麼都新鮮，加上你的性格，你當然對什麼都有興趣啦。」「你們這麼年輕，就這麼保守。」我母親說什麼話之前，一定要先打一個底：「你們這樣不行，要主動學習新事物，怎麼這麼年輕就沒有追求了呢？」「媽，每個人有他自己的生活習慣，這跟年齡和追求沒關。」「你知道為什麼微波爐能那樣快把食物加熱嗎？」母親認定是好的東西，她是希望人人都接受的。

「為什麼？」我還真不知道，並且還真想了解她來香港才短短幾個月，是如何追上時代的。「微波爐能發出一種高頻的微波。」母親像個老練的售貨員推銷產品一樣繪聲繪色：「它能使食物中的分子團，以每秒 10 億次的速度摩擦、加熱，每秒 10 億次！」母親這時可得意了，因為她看出我被這些數字吸引了。

那年我的生日，她送了一台微波爐給我做生日禮物。她是個非常大方的人，這是個優點，剛才忘了介紹。「用微波爐的時候，

千萬別把你的手放進去，你不會感覺到熱，但可能你的手已經變熟了。」母親的話使我進一步了解到微波爐的威力。

在我寫這本書時，我才驚覺我怎麼還在用微波爐加熱食物，繼而放下手裏的寫作，跑到廚房，親手拔掉微波爐的插頭，對菲傭說：「扔掉它！我們從此不再用它了。你也不准留着帶回菲律賓，你們也不准用，因為它有機會使人生癌。」

希望的德國，希望的世界

現代德國人十分注重環保和健康。前不久在家招待一位德國朋友，我們吃飯時談到了全世界的生態文明問題。當她看到我囑咐菲傭把吃剩的菜收好放到冰箱裏，留作明天的午餐時，有感而發。她告訴我們，德國人現在很推崇真正的綠色生活。例如，從政府部門到各大企業，已大幅減少在節日假日的集會、公司紀念日聚餐等活動，從而減少不必要的消費、享受去實踐環保。這個例子令我非常受鼓舞。我晃動着手中的手機，告訴這位德國朋友，我極力反對這家企業每年都推出新款，因為這些新款是完全沒有必要的。

大企業的市場形象和市場推廣為大眾建造了完美的陷阱，主宰了後者的消費模式，把一件產品從「需要」成功變成了「消費」。她完全贊同我所說的，她告訴我，現在的德國人清楚意識到這類大企業的意圖和它會帶給國家和人民怎樣的傷害。她說他們在開始打一場「新的戰爭」！這個「新的戰爭」是為捍衛生態和人類的靈魂而打的。全德國都十分重視這場「戰爭」，因為他們意識到國家已

經被這些所謂物質文明侵犯了。

聽到這裏，我十分激動，我想起了外公所崇拜的德國文化和精神以及他們做事的態度和效率。這位德國朋友最後說，現在的德國人之所以有這樣的眼光和行動，是因為不久的過去那段慘痛的歷史，他們已經接受了這個教訓。因此，他們在追求科技文明的同時，更重視人類的精神文明建設。一個「環保」的靈魂，才能建設一個環保的世界。

好喝的紅茶牛奶

每天早餐，我一定喝一杯紅茶牛奶。這個習慣是我母親傳給我的，她又是她母親傳給她的。做法很簡單，鮮奶煮熱了之後，加一個紅茶包。她說紅茶暖胃，早上起來一杯紅茶牛奶，有助氣血循環，特別適合我這類體質偏寒的人。

雖然我並不肯定她對我體質所下的定論，但我肯定在早上7：00 至 9：00 這段屬於胃經活躍的時間裏，來一杯「暖胃」的飲品，對身體有百利而無一害。因此，每當偶然在外吃早餐時，如果看到隔壁桌有人喝一杯冰可樂或者是凍奶茶，我就有衝上前阻止他的衝動。

另外，我母親（已 80 歲了），還有她的母親（93 歲時無疾而終），喝紅茶牛奶喝了幾十年，也沒因喝奶而得什麼乳癌，這使我不禁懷疑喝牛奶會使女人容易得乳癌的説法。有些研究説什麼北歐

女人得乳癌比東方人多，就是因為她們喝牛奶多過亞洲人，是因為牛奶的雌性激素太多所致。我卻認為她們得乳癌，是現代那些帶污染和加工食物的「大環境」所致，奶製品僅僅是其中的一個原因。還是那句話，人一定要均衡飲食，什麼好東西（包括純素食），一旦過分，問題就會來了。

什麼事最後都離不開哲學。

言歸正傳。自從我斷然扔掉微波爐之後，早上的紅茶牛奶自然而然就轉用明火加熱。說來又害怕、又後悔，我們以前加熱飲品全都是用微波爐，貪它方便。

我發現用明火煮的牛奶沖紅茶，味道和之前用微波爐的非常不同。用明火煮的牛奶，牛奶味濃些、香些，口感也厚和滑一些。不像用微波爐加熱的，除了熱度之外，味道好像「蒼白」些，口感也「稀」些，好像「假牛奶」。不信你試試。

別害人

一周一次和父母吃飯，我總會告訴他們過去一星期發生的「大事」。

當他們知道我已經扔掉微波爐後，母親也跟着聲明：「我們早就不用微波爐了，早就沒用了，哪等到今天！」「嗯，那非常好！」我真的相信他們早已停用。「你還記得你的第一台微波爐是我送的嗎？」母親問。「記得，我的生日禮物嘛。」「嘿，你還記

得？送你的東西你從來都沒興趣用。」母親經常想當然地答問題。「我當然有用，不然我怎麼會斷然扔掉。」我也總改不了認真的脾氣。

半天沒說話的父親開口了：「那我們家那台微波爐怎麼處理？」

我看到母親瞪了父親一眼，「扔掉呀！」我一邊夾菜一邊回答，「對，扔掉！」母親堅決支持。

「那多可惜！」父親嚴肅的表情此時顯得有點好笑：「扔掉太可惜了！送給有需要的人吧。」「誰還需要微波爐？」我回答我老爸的問題時，差點沒笑得噴飯。

「你這個人，怎麼這麼落後！」母親對新事物一向是支持的，她不可能不表態。老爸不甘心，總覺得白白扔掉這麼個高科技家庭電器很可惜：「總有些人沒有用過微波爐，也許有人想試試，送給他們不挺好的嗎？」

「別害人了！」我和母親異口同聲地說。

為了活得明白，我探索生命

第十章
要快樂

「諷刺的是，我們最大的阻礙，來自上帝賜給我們的
頭腦和視力，我們並沒有學會善用它們。我們只看到
我們不願看到的。」

注意事項

以下幾項（排名不分先後）是你一定要去做的，如果你想健康的話。沒有其他選擇。它們是：

1. 要快樂，快樂是癌症的天敵。快樂幫你獲取更多的正能量。想有效地防癌和治癌，一個人要把他那深藏在那第九層「俄羅斯盒」裏的負能量釋放出來，那些是他一生至今為止所經歷的痛苦、絕望、孤獨、氣憤、害怕、罪惡感等等。把這些儲存在心靈最深角落的負能量拿到陽光下「曬一曬」，一切才會真正有轉變。你不是受害者，你永遠擁有選擇權，記住這點！

愛自己，才會愛別人。一個人不愛別人，並不是因為他特別愛自己，反而是他不愛自己的反射。愛自己，愛自己的容貌和身材，愛自己的工作和生活，愛自己的疾病和健康，愛自己的聰明和愚蠢，愛自己的失敗和成功，愛自己的堅強和軟弱。

2. 保證足夠睡眠。睡覺不能直接幫你賺到錢，但能幫你賺到健康。我的建議不過分：晚上 11：00 至 12：00 之間上牀睡覺。為什麼？因為按照中醫十二經絡的循環理論，24 小時裏，經絡循環每兩小時會依序更換。最遲 12：00 上牀，那麼你的身體才能得到睡覺帶來的好處。為什麼？

因為凌晨 1：00 至 3：00 正是肝經最活躍的時候。肝是滋養氣血的，直接把氣血供應給身體的「筋」，也就是肌腱。肝血虛，一

定沒精打采，全身說不出怎麼不舒服；繼續下去，病就會來了。西醫認為肝臟掌控無數的荷爾蒙，包括雌性激素和黃體素。不準時上牀睡覺，你一定會打擾肝臟「為你」工作。舉例說，如果干擾了肝臟夜晚的工作，血液中的胰島素就有升高的危險，這樣會導致腹部肥胖、糖尿病以及癌症。而這僅僅只是一個不「乖乖睡覺」的壞例子。

不要以為晚上不睡，可以白天補回來，這更錯上加錯了。一種稱為血清素的東西，它是由大腦產生的，與身體及情緒的健康息息相關。它能影響你的記憶、食慾、性慾及每天因環境可能發生的各種生理節奏。

血清素會隨着白天的日光而增加，身體本身的活動和糖分（吃東西）也會幫助刺激它。當你整個上午拉着窗簾蒙頭大睡時，會嚴重影響血清素的分泌，繼而使你全身荷爾蒙失調；換言之，會令身體的消化系統、代謝和內分泌平衡受影響。長期這樣破壞日夜的生理節奏，還有好身體的話就怪了。

你現在明白神為什麼又造白天，又造夜晚了吧。

3. 每天被太陽直接照射起碼 15 分鐘以上，女士們不要怕曬黑，氣質加自然膚色是最美的。

4. 每天 20 分鐘「帶氧」運動，包括因任何理由的步行。激烈運動能免則免，因為這樣會影響你某些器官的供氧，長年累月下

來，會積勞成疾，也容易引發高血壓。你看看那些退役運動員的身體吧。

5. 不要用任何合成成分的染髮劑，一定要染髮的話，請用天然成分的。並且保證每天要喝 8 杯水，因為染髮劑中的化學品會長期留在頭髮上，被身體吸收，喝夠水，好淨化你的肝臟和腎臟。當然，不染髮的人，喝 8 杯水，也一樣會淨化肝臟和腎臟。

6. 不要住剛剛裝修好的房子。新的油漆、樹脂、聚合物、膠合板、地毯、所有黏着劑、絕緣材料、鑄造產品等等，都含有強烈的致癌化學物。新裝修的房子，至少要「空置」3 周，等聞不到「新裝修」的味道才搬進去。（去世的表哥發病前，就是住在新裝修的房子裏，他生前最疼愛的大女兒，在他去世的那個星期，被證實患上血癌。）

7. 千萬不要在餐廳吃任何油炸的食物，你不會相信有餐廳把只炸過一次食物的油倒掉吧？炸過的食油會產生一種叫丙烯酰胺（Acrylamide）可能致癌的化學物。也要囑咐你的家傭，不准再用炸過食物的油煮食。如果你覺得倒掉太可惜，想省那麼一點買食油錢的話，不妨想想一針治療癌症的藥可以買多少斤食油。

8. 每年最少去兩次旅行，不是去郊區，而是坐飛機去一個你想去的陌生環境。但請記住，不要因為飛機誤點或酒店的服務不好而生氣。

9. 盡量杜絕吃藥，百分之九十左右的藥是不需要吃的，也不能吃，如果你不想得癌的話。就算僥倖沒得癌，你也不願削弱自己天生的防禦和修復能力吧。

10. 學一點基本的中醫經絡穴位保健，可以隨時隨地解決一些小問題，根本不需看醫生。例如感冒、頭痛、消化不良、睡不好覺、腰酸背痛或扭傷等。小病是大病的苗頭，想身體健康，就當從小處入手。所有大小疾病的形成和治癒，都直接和人體經絡、血循環是否暢通有關。因此，簡單的日常基本經絡穴位保健，是十分重要的！

11. 不要再吃漢堡包或類似的快餐，要快的話，茶餐廳也夠快，而後者安全多了。另外，在外面吃東西，盡量叫一些不含加工食物（或原料）的菜式。一句話，盡量保證自己吃新鮮、自然的食物。

12. 另外一些必須注意的，我沒有放入以上 11 個注意事項裏頭，因為我知道有些我做不到。例如不看電視、不喝紅酒（或任何酒類）、不抽煙、不喝牛奶、不用無線電通訊器材等等。做以上這些事，我自己會有分寸。

以上這些提示，純屬個人意見。本人沒有任何企圖，要你相信它們才是身體健康、防癌抗癌的、唯一的有力保障。

別被嚇死

我們對生命的認識和態度，直接影響我們對癌症的態度。有些人是被癌症嚇死的。

談及死，大概只有哲學家不會迴避，並且也能冷靜地討論這個問題；而所有宗教家都是無懼死亡的。普通人呢？我是指那些平時有點時間想想生活本身的人，他們大概介乎兩者之間吧。

如果把出生當作一個「禮物」，死亡也應是一個「禮物」。前者給我們生存的客觀實體，有了這個實體，我們便能夠體驗這個世界的人情萬物；後者則令我們有覺知，它會把我們永遠帶離這個物質世界，從而托出生命的奇妙、寶貴、演變和價值。

生和死是一對雙胞胎。

蒙田說得好：「每一天都在走向死亡，最後一天不過是到達而已。」

因此，對於一個旅行者來說，豐盛的旅程比終點更吸引人。

你或許覺得，對於死亡這麼嚴肅的話題，我的態度是否樂觀了些？天啊，「樂觀」正是我們應持的態度呀！

要樂觀，但不要輕率。

每次讀愛默森的詩文〈悲歌〉*，我都會淚流滿面。那是他悼

念他去世的幼子而寫的。

我為宇宙的秩序和單純，為人內心的深邃和廣闊而感動，繼而相信和敬畏上帝。

詩文（節選）這樣寫道：

我向上展望，哀悼

我那永不會回來的愛子。

我看見我的空屋，

我看見我的樹長出新葉；

而他，那奇妙的孩子——

他那野性的銀樣清脆的歌喉，

比深藍的天空下任何震盪的聲音都更有價值，

那風信子一樣美麗的小孩，

早晨天亮，

春天花開，

可能都是為了他，

那仁慈的小孩，

他活在世界上，

使這世界更美，

用他的臉龐報償

慈愛的白晝的恩惠——

然而他失踪了，

白晝到處找他不到，

我的希望追逐他、而繫他不住。

白晝又回來了，南風到處搜尋，

找到小松樹與萌芽的樺樹，

但是找不到那萌芽的人；

大自然失去了他，無法再複製；

大自然、命運、人們、

尋找他都是徒然。

我那聰明可愛的逃學的孩子，

為了活得明白，我探索生命

你跑到哪裏，跑到哪裏去了？

幾天前我還有權利

看守你的行動，你在哪兒我總知道。

我怎麼喪失了這權利，我犯了什麼罪過？

你現在是否有一種新的愉快，而忘記了我？

……

我寶愛他，我得意，而現在徒然

仰望俯瞰，望眼欲穿。

……

他每天去慣的地方，我一一看來，

養雞場、棚屋與馬廄，

與那神聖的腳踏過的

花園中的每一寸土地，

從路邊到河岸———

他最愛向河中觀看。

溫順的鵝群在牠們走慣的地方走動，

冬天的花園毫未改變；

小河仍舊流入溪中，

但是那目光深沉的孩子不在這裏了。

愛默森這樣的思想家，以他的智慧去看死亡，一定比我們更透徹。然而，當事情臨到他自己頭上時，他並沒有掩飾人的本性和那純然的親情和悲傷。

他寫道：

命運急切地把你帶走了，

也帶走了一大部分的我；

……

你是真理與大自然代價昂貴的謊言！

你是我們所信任的預言沒有兌現！

你是最豐富的財產遇到厄運的侵襲！

你是為未來而生的，而未來失去了你！

　　畢竟是一位智者，在悲痛得連自己彷彿都不存在似的之後，他接着寫道：

上帝深沉的心回答我，「你哭泣麼？」

如果沒有把你那孩子帶走，

還有別的原因

更值得你發洩你奔放的熱情。

你是否也像有一種人，

用老花眼湊得很近地注視，

認為物質世界上的美已經消失，

而你也失去了你的愛子。

古人沒有教誨你麼？

古人眼睛裏的眼睛，看到天上

天使無數階層像一座橋樑，

跨過上帝與人之間神秘的深坑。

你四面包圍着億萬的愛人，

而你現在要遠離人群？

……

被上帝點醒，會自動看出：

命運使他們結合的人，

命運無法拆散他們。

而你——我的信徒——你卻涕淚漣漣，

我給了你視覺，你怎麼視而不見？

上帝在告訴我們，誰也不可能有能力用任何形式，使我們和所愛的人分離。諷刺的是，我們最大的阻礙，來自上帝賜我們的頭腦和視力，我們並沒有學會善用它們。我們只看到我們不願看到的。我們的心不夠高遠，看不到高牆的那一邊，那邊花園裏的花草何其茂盛。

是我們對「死亡」下了我們最不情願的定義，因此我們開始懼怕它了。

看看詩人説什麼：

愛潮在大自然中旋轉流動，

你難道要把它凝凍？

那野性的星辰爬上它天空的軌道，

你難道要把它在半路上釘牢？

光若是光，

它必須向四周放散。

血液若是血液，

它必須循環。

生命若是生命，

它必須生產，

而生命只有一個，

雖然外表像有多種，

你難道要消滅它，

使它木立不動？

將它前進的力量完全幽閉，

在形體骨骼和容貌裏？」

我們在塵世的生命，簡直就是一個旅行者的路程；只不過計

劃這件事的不是你自己。宇宙的本質顯示着生命的本質，神聖、奇妙、追求、演進。沒有什麼事情是完結的，一切仍在進行。

是的，幽閉在肉體裏的生命要解放，要回到屬於它的自由國度、要回到屬於它的無垠宇宙。」

詩人最後寫道：

迅捷的上帝靜靜地在破敗的制度中

衝過，修復它們；大量地播種，

降福於荒涼的虛空，

在荒野中遍植萬千世界；

用古代悲哀的淚水灌溉

明天才會成熟的林檎。

倒坍的房屋，入土的人，

都消失於上帝中，在神性中存在。

另一位智者蘇格拉底（公元前 470-399 年），在他著的《申辯篇》裏有一段關於死亡的談話。由於他是哲學家，語句就沒那麼感性和煽情了，不過他所說的，的確是至理名言。

蘇格拉底説：「我不擁有關於死亡之後的真正知識，我也意識

到我不擁有這種知識。所以我絕不會怕或厭惡那些我知道有可能是一種幸福的事情，勝過那些我知道是邪惡的事情。」

大概在我 16 歲時，我曾有過一次瀕死經驗。我還記得我在家裏的洗手間小便時，突然眼前發黑，頭向後仰，重重倒在身後低一級的水泥地上。我清楚記得「死」了之後的環境，而（真正的）我本人在那樣的情況下，應該是無意識、無知覺的，那麼是「誰」在經歷那些情景呢：「四周非常安靜、舒服，真空般的寧靜，那是個雪白的世界。不，那種白，是一種從沒見過的白，無法想像的白；非常的白裏透着光，但又看不到光源。而且一切都非常的輕。」在那樣的環境下，「我」有一種無比的安逸和幸福感，以致我醒過來揉着摔腫的後腦時，有一種強烈的失落感。

現在回想起來這個經歷，使我想到，假如當時我不願離開那個「白色世界」，就這樣呆在那邊了，我的父母以至親戚和同學，他們一定會對我的突然離開感到震驚和悲傷。但這是他們作為旁觀者的感受，而在這個他們認為已一去不復返的人身上，他自己並不意識到自己「不在了」，他仍然在那裏，在那不可思議的白色、真空中般安靜的世界裏。

享受你所有的，樂觀地面向未來。像森林享受着陽光和雨水，還有風；像小鳥兒，從不擔心承載它飛翔的空氣會消失。

* 范道倫編選：《愛默森文選》，張愛玲譯，田園書屋，1987 年。

為了活得明白，我探索生命

第十一章
她叫 Grace

「從來沒有擁有過真正的快樂，是 G 得癌的根本原因。」

我要救她

2011 年 10 月 19 日上午，我的拍檔 David 打電話來：「喂，Nick，那個女孩子不行了！她已被送進了醫院，醫生說她最多兩星期的時間。」我愣了愣，噢，想起來了，是許小姐。

「怎麼回事？」終於聽到一直不願聽到的消息，我不禁緊張地問 David。

「她一直看的那位住在郊區的神醫，放棄她了，說她的五臟已全部壞死。」

David 在控制自己的情緒：「五臟壞死才把人送去醫院，是否遲了些！」「這下可有些麻煩了。」我這樣回答，真不知是安慰 David，還是想讓自己冷靜些。

「我已去過醫院了。」這是我欣賞 David 的其中一樣，冷靜。他接着問我：「你幾時能去醫院？你是否想去看看這個女孩子？」我有一兩秒鐘的猶豫，但很快就答應了：「好吧，我去。你幫我安排明天上午 11：00，我們直接在醫院見面。」

我們說的這個女孩子實際上已經 39 歲了。39 歲，生命像正午的太陽一般旺盛。她最早患上的是乳癌，後來發現骨頭裏也有了。

她叫 Grace（為了尊重當事人，名字為虛構的）。她知道我，是經過她的一位從事自然療法的朋友介紹。聽說她後來找到了一位

住在郊外的神醫醫治她的癌症，那已是今年 5 月底的事了。這幾個月裏，我一直很關心她的進展，知道她的病情時好時壞。

我在約定的時間去到醫院，終於見到了躺在病牀上的 Grace。當我坐在病牀旁向她了解情況並仔細端詳她時，我發現她比我想像的還要年輕。她長得很清秀，高高的額頭顯出幾分高貴，額下有兩條細長的眉毛，稍高的鼻樑上，有一對大大的眼睛，流露着天生的一種天真，嘴唇薄薄的，但又屬於「大嘴巴」型，兩顆門牙稍大了點，但這兩顆「兔牙」反而令她憑添多幾分可愛。她說話的聲音細柔，但聲調是偏高的。我不知她的身高，因為在接下來的 10 天裏，我每次見到她，她都是躺在病牀上。

我想幫她。但在這個階段，這麼做還有效果嗎？從 Grace 看着我的眼神，我肯定，她想我幫她。她也親口告訴我，沒有人會再來醫治她了。

我決定每天去醫院，直到有結果——不論好壞。

生命的反思

Grace（下文簡稱 G）有一個悲傷的童年，生活極其不快樂。父親在她 3 歲時拋棄了她的母親和她，從此她沒有再見過父親。後來 G 的母親去日本做工，留下不到 4 歲的她和外婆及舅父同住，這也是 G 惡夢般生活的開始。

當我第一次在醫院見到 G 時，她就對我說：「是不是我前世

做了很多不好的事，所以今生會得這個病，而且這麼嚴重，好懲罰我。」對一個坐在她病牀邊還不到 3 分鐘的「陌生人」說這樣的話，這令我很震動。我鼓勵她，把自己最不快樂的事、最痛苦的事說出來，再也不要把它們埋在心裏最底層。要把它們拿出來，放在陽光下，面對它們，接受它們，釋放它們。它們是身體內起一切壞作用的負能量。接下來的兩個晚上，她把自己不愉快的童年生活，講給在病牀邊陪伴她的丈夫 John 和她的一個好朋友聽。很顯然，她聽了我的勸勉。

有天 G 告訴我兩件令她最傷心的事：一是她養了 16 年的牧羊狗去年死了，二是發現丈夫有了外遇。G 告訴我她丈夫的事時，用被子擋住自己的嘴巴，只露出兩個大大的眼睛，以致我聽不清楚她說「他外面又有了」這句話，反而問她說什麼？

有一天幫助已陷入半昏迷的 G 後，在開車回家的路上，我終於為 G 留下了眼淚。那天我從她的菲傭和丈夫 John 那裏，得知了更多 G 童年的事。

自從因媽媽去日本做工，G 和外婆同住開始，一起住的舅父就常常虐待她，「畜牲」和「小王八蛋」就是她挨打時被喚的名字。她媽媽每月從日本寄來給她的生活費，全部讓舅父拿去賭了。有時舅父輸了錢，這個氣急敗壞的男人回到家，會拿弱小的 G 出氣，找理由打她，甚至抓住她的頭髮把頭往房門上撞。G 小時候除了挨打，還常常挨餓。大人不在時，她會「偷」剩下的白飯吃，還學會在白飯裏加醬油，好讓白飯有些味道。她曾告訴後來的丈夫，自己

長到十幾歲，從來沒嘗到過飽的滋味。

自 9 歲時外婆去世，她就一直和舅父一起，直到長大成人。她沒有選擇。G 再度和媽媽一起生活時，已經是二十多歲、做了十幾年工的青年人了。

我把握住方向盤的右手張開，一邊開車，一邊看着自己空出來的右手：人類的這雙手是宇宙裏最神奇的工具，創建出那樣多的奇蹟；同時，人類也用這同一雙手做出宇宙裏最醜陋的事。看着自己的手，我在想像我是那個舅父，用這隻男人的手，在已經是 10 歲大的 G 的同學面前，抓住她的辮子，把她從打撲克牌的桌旁扯到地板上⋯⋯

在馬路上開着車，我對稱為「人」的這個生物感到一陣迷茫，幸好沒因為眼淚而迷失方向。

我又一次反省，又一次驚覺，人的根本問題就是人性裏的罪。罪是靈魂的癌症。

Grace 的病因

追蹤 G 罹患癌的原因，這段悲傷的童年生活，恐怕不應排除吧。從她生命開始的最早期，她就生活在恐懼、威脅、緊張、痛苦和挫折中，而她的性格又是那種不願顯露和發洩內心痛苦的人。我可以想像，在她度日如年又不懂得如何去希望的童年，唯一學會的人生經驗，是把痛苦埋藏進內心。所有關於生活的美好憧憬，都被

她那受了傷的心靈「關」在了門外。

等她成年後，繼續傷害她的，不再是挨打、挨餓這類肉體的傷痛，而是她在追求美好生活、愛、和諧時的不安全感。她緊鎖門窗，雖然屋外陽光燦爛。她害怕一切。她不是不想，她只是很難再相信。她害怕別人不接受她，害怕別人不愛她，她害怕自己做得不夠好，同時，卻又渴望每個身邊的親人都愛她，接受她。她把一切真正的情感、想法都隱藏起來了，因而造就了她處世的態度和做法。

結婚後，丈夫雖然有足夠的經濟條件滿足她的物質生活，她甚至能大膽、毫無顧忌地做取悅自己的事，但那顆受傷的心靈和表面的滿足，又造成了她內心深處的分裂。這種矛盾的情緒，多年來靜靜地、持續地消耗着她的快樂和正能量，阻礙着她獲取真正的幸福。

從來沒有擁有過真正的快樂，是 G 得癌的根本原因。

有不少關於研究神奇 DNA 的書都提到，我們在日常生活中的各種思想、情緒、感覺會像電腦軟件一樣，被寫進自己身體的細胞裏。這就是我所說的正負能量，它們每一刻都影響着 DNA 設定和行為。這些正負能量有的從有意識產生，有的則從潛意識產生。正如某些著名的靈修大師所說的「覺知」二字，從生理上理解，就是選擇接受和保存正能量，釋放負能量，藉此你就能令 DNA 編寫健康的程式，從而帶來正面的思想和行為。如此良性循環。

John

G 的丈夫 John 主動找我談過一次話。其實，當他那天主動送我到醫院樓下時，我已察覺他有傾吐的需要。

對他，我毫不了解，但我常常想，如果我是他，我能做到他這樣嗎？一想到這裏，我就不自覺地對他有幾分尊重。John 比 G 大整整 12 歲，中等身材，衣著時髦，和 G 一樣，John 也有着高高的額頭，額頭下也有一對天真的大眼睛；這對眼睛總是引起我的注意，因為它們跟他商人的背景和實際年紀似乎有點不相襯，也和他那近似男中音的嗓音不相襯。

我們在醫院的小賣部買了兩杯飲料，然後他帶我走出醫院的側門，去到離側門不遠處的一個路邊「小公園」。「這裏比醫院裏頭舒服多了，可以吸點新鮮空氣，曬曬太陽。」John 一邊點起一支煙一邊說。聽他這樣說，我馬上想到在樓上病房裏的 G，她也一定是想吸點新鮮空氣的。「這裏是我發現的。有時陪她久了，我會獨自來這裏，安靜安靜，想想問題。」John 坐在椅子上望着地面。「這裏不錯嘛！難怪剛才買完飲料，你一定要帶我出來。」我坐到他旁邊的椅子上，和他並排坐下。

「哎……」John 長嘆一口氣說：「最近一兩年我是有些疏忽她，特別是她發病以後。其實我應該更關心她，更積極地幫她治病。現在回想起來，我真的有些馬虎啊！」我沒搭嘴，現在應該聽他說，讓他把想說的說出來。

他們在一起 11 年。按 John 的說法，在這 11 年裏，G 過的日子才算得上是一個正常人過的日子。

John 是在一次朋友聚餐時認識 G 的。當他知道了 G 的遭遇後，非常同情她，憐憫之心油然而生；他下決心要救她脫苦海。「認識她後，我第一次去她家，一進門心裏便大叫，天啊，這哪是人住的地方！」John 抽完最後一口煙，把煙頭扔在地上，大力地用腳踩熄。

他們開始了交往。從此，G 走入了她的新的人生階段。

致癌生活

G 有齊了所有可能致癌的生活習慣和生理狀態。由於早年顛簸、貧困的生活，小時候營養不良的 G，在成年後留下了許多後遺症。John 告訴我，G 總是身體不舒服，常常頭痛，總是病，家裏堆滿了各式各樣的藥。他們共處的 10 年裏，他的印象是，如果有 3 天以上她沒叫頭痛或不舒服，就是「奇蹟」了。她還遇過一次車禍，撞傷了她右邊的乳房，自此她身體右邊經常隱隱作痛。後來生癌的就是右邊的乳房。

G 有失眠症，快天亮才上牀睡覺，下午才起牀，導致她極其不健康的起居飲食習慣。躺在病牀上的 G 告訴我，她家樓下就有那家著名賣漢堡包的快餐店，晚上她常常叫菲傭下樓去買外賣，因為它是 24 小時營業的。G 的菲傭趁機「告狀」，說她的僱主前幾天還

在病牀上吃速食麵和喝可樂，我聽了差點昏了過去。G 趕緊在旁向我發誓，說自己如果康復，一定痛改前非，早睡早起，絕不再吃漢堡包和喝可樂。

看着天真起誓的 G，我的心隱隱作痛：人啊人，為什麼要如此對待自己的寶貴身體？

John 告訴我，由於小時候經常挨餓，G 養成了吃零食的習慣；這個習慣和她常常沒飯吃有關。小時候的 G，手上只要一有食物，就會馬上吃掉，因為她不知什麼時候自己又會挨餓。她也會「積蓄」些零食在身邊，沒飯吃的時候就拿來充飢。

致命一擊？

John 告訴我，約一年前他結識了一個韓國女子，發生了婚外情。「這件事對 G 的打擊很大！」John 又點燃一支香煙，「你看巧不巧，Nick，今天是這個韓國女孩的生日。如果今天 G 撐不過去，那就太巧了！」John 看着我，臉上浮現一片迷茫的表情，這個表情和所說的所謂「巧事」是那麼地不相稱。

我知道他在後悔自己做了一件不理智的事，不然他是不大可能告訴我的。「謝謝你對我的信任！」我要讓他以為我現在才知這件事。「我也很欣慰你告訴我這件事。把它釋放出來，比把它埋在心底要健康多了。」

我告訴 John，我們應該讓自己的生活中再沒有「後悔」這兩個

字。之前發生了的事，能帶給我們怎樣的啓示，並經由這些啓示，促使我們怎樣去改變自己，繼續走下去。

這也許是實踐生命意義的一個必然過程吧。

然而，有時這個得來的啓示和改變代價太大。我主觀相信，一年前 John 的婚外情，和 G 大半年前發病是有關係的。

iPhone 筆記

以下是我每天去醫院後寫的筆記，主要是記錄 Grace 每天的身體狀況。

2011 年 10 月 21 日開始記錄：

簡介：

許小姐（Grace），39 歲，末期骨癌，全身擴散。2011 年 10 月 7 日被送進醫院，中、西醫拒絕再做治療。醫治她的中醫說她的五臟嚴重阻塞，已經失去了功能；其先生說住醫院的目的是打嗎啡止痛，讓她最後幾天舒服一點。根據病人入院時的狀況，醫院的醫生說她只有兩個星期的時間。

10 月 21 日，第一次醫院探訪：其丈夫告訴我，太太已住了 10 天醫院，她腹部積水嚴重，一直往上延伸，積水上到肺部就不行了，她應該只剩一兩天的時間。我也看到實際情況的確非常惡劣：

病人前胸異常堅硬，腹部堅挺和積水，不能小便，用導管排尿，不能飲和食，嘔吐，全身巨痛，需長時間注射嗎啡，小便呈暗紅色，有血絲，肝、腎嚴重阻塞，缺水。病人丈夫表示，當然希望有奇蹟，我也願意幫助病人。

10 月 22 日，第二次醫院探訪：仍缺水，小便更深色。情況不好。右邊乳房和肝臟之間以及膻中、鳩尾堅硬如石，病人全身劇痛；腹部腫脹，積水，雙腿、雙腳也腫脹。

10 月 23 日，第三次：病人的症狀和昨天一樣，不過精神有好轉。嚴重缺水，嘴起泡（脫水症狀）。醫院今天有做抽腹水。我命家人用滴管餵水，強調水對病人的重要，並盡可能讓病人每天能曬幾分鐘太陽。

10 月 24 日，第四次：情況好轉，小便轉淡黃色，比之前清很多，重大突破，雙方都大受鼓舞。

10 月 25 日，第五次：醫院醫生說她的情況有好轉，腹部腫脹有改善，今天已停了嗎啡，護士也說她精神好了。但肋骨至全身到腳仍痛，可能是停用嗎啡的關係，但痛的情況好過前幾天打嗎啡時。胸部（膻中位）明顯沒有那麼硬了，右邊肝部也沒有之前硬。雙腳水腫好少少。今天需要用「塞肛藥」大便。

10 月 26 日，第六次：醫生說腹部腫脹有好轉。病人已能自行大便，小便的顏色很好，呈透明暗黃色，從胸到腹部的硬度、腫脹

有減少。身體仍然痛，有時想嘔吐、氣喘。雙腿、雙腳水腫。

要求病人每天下牀站立兩次，讓雙腳和腳步承受身體的重量，從而恢復和加強自身的調節功能。中醫謂「久臥傷氣」。其菲傭告訴我，病人的額頭和嘴唇已明顯由灰白轉成了血色。我認為病人可以開始從合適的食物獲取一定的養分。病人的菲傭曾告訴我，她這個已病入膏肓的僱主，住進醫院後，還在吃即食麵和喝可樂。

補充：晚上準備了一點菜肉湯，送去醫院給病人，沒想到病人情況轉差，主要是精神很差，講一句話，就需閉上眼睛，情況令人擔憂。我希望可以幫助她維持必需的氣血。

10月27日，第七次：今天情況又好轉，面色和嘴唇又有了血色，小便顏色也有好轉，大部分都清，仍有極少數血絲，胸部膻中、中庭、鳩尾處明顯柔軟了，腹部腫脹和積水也有改善。病人因打了鎮靜劑昏睡，也好，有助恢復體力。目前最迫切是適合的食物和湯汁能餵入病人的口，我感覺只要她能吃少少東西，喝些湯汁，情況會更理想。

就這樣過了一個星期。

10月28日，第八次：病人的身體沒有異常，跟昨天差不多。因為要控制她情緒激動，又加了鎮靜劑的量。她為什麼會變得如此激動（看來她有一定的體力），連續打鎮靜劑好嗎？我已3天沒有機會和病人說話，因她一直因鎮靜劑昏睡。我將一切交在袖手上。

為了活得明白，我探索生命

10月29日，第九次：今天病人的情況急劇惡化，醫院的醫生說是隨時的事了。她的口和鼻子不停有血水流出（血小板的問題），眼白泛黃（肝功能衰竭）。下午她丈夫來電，說她醒了，但情緒激動。

下午4：45又趕到醫院，病人奇蹟一樣有好轉：眼白幾乎又恢復正常。醫院醫生下午巡房也感意外，說她沒放棄。但病人肺和氣管受感染，很多痰，呼吸辛苦。叫家屬嚴格控制探訪人數和衛生，且不要在牀邊對病人說「廢話」！

晚上7：00左右打電話給病人的丈夫，讓他要求醫院盡量抽痰，以中醫理論解釋，就是她裏頭鬆了，有東西出來了。

晚上10：00左右，病人丈夫來電，說病人情況又好了些，臉色正常了，眼白也正常，但發高燒，攝氏39.6度，醫院要打退燒針，問我行不行？我回覆先不要打，讓病人發燒，不要干預身體的修復功能進程，看看明天早上如何。

有些家屬一大早就圍在病人牀邊，對昏迷的病人不停地說着什麼「你去的地方很好。」「不用擔心我們。」「你將會見到其他的親戚朋友。」甚至「你又可以和你最愛的牧羊狗一起玩了。」不說這些時，他們就觀察她、討論她「看、看，她的眼睛又眨了兩下。」「又來了，她想說話。」「看，哎呀，她的腳在踢，師傅（他們稱我作師傅），她手腳有知覺了。」

他們要我也説一兩句，我坐近 G 的身邊對她説：「我仍然在幫你，知道你辛苦。生命是你的，你還可以選擇！不論怎樣，我都支持你。」

　　家屬也聽到我對病人説的話。他們似乎忽然明白應該尊重病人自己的選擇，並為病人可能來的最後一刻，創造一個平靜、安詳的環境（在我善意的勸誘下）。很快，他們一個接一個地走出了病房……

　　今天一天，大家真像打了一場仗。

　　10 月 30 日，第十次：上午 11：15。她仍在戰鬥，不放棄，我敬佩這個病人。病人仍然很多「痰」，其實抽出來的那些東西，不完全是痰，更像濃稠的湯汁，顏色呈淺黃色，有時有小小灰黑色的東西在其中，時濃時稀。很慶幸有這麼多「廢物」排出來。眼白下半部又有些泛黃（肝功能持續衰竭）。

　　晚上 6：58，病人的丈夫來電，泣不成聲，説她走了。我雖然有準備，但還是十分心痛，因為我非常清楚，之前她被耽誤得太久了。今天上午大家都做了最後的努力。

　　晚上 7：15，臨時總結：病人是死於肝功能衰竭，並不是死於骨癌。病人生前「非人」的生活，在身體內積存了無數的毒素（致癌的生理和心理原因），這些毒素經血液到達肝臟，逐漸但徹底地摧毀了她的肝臟。這十天的幫助，達到了某些「治標」的效果；至

於治本方面，我的結論是：病人已經無本可治了。

晚上 7：30 出去吃晚飯，我一邊緩慢地開着車，一邊對太太說，要是我 10 月 19 日不去醫院，我現在就不用承受這些。太太說，不會的，你不是那種人。

晚上稍晚寫了個短訊給 John，他也回覆我一個短訊。兩段短訊如下：

Dear John：

我能幫助 Grace 是我的福氣。這幾天幫助她，實際也在幫我自己，她的經歷教導我更深地看人生。最後這幾天你也是好樣的！你懺悔了，你努力了！記得我們還有很長的人生，記住她給我們無限的啟示，那是她在這個世界用生命為我們作的見證。記得神是奇妙的，有大能的，只是我們太有限了。願你堅強，並學習交託。等你辦完一切，平靜下來，你可以打給我。我不會忘記和她相處的這十天。

Nick

***

Nick：

　　我非常感激你。待我處理完這些事後，一定會聯絡你，我也很想見你，向你學習。昨天下午我們做的禱告非常打動我的心。再會！

John

希望

　　去醫院幫助 G 的第二天，我非常沮喪，心頭像壓着一塊大石頭。那天是星期六，約了朋友晚上在中環吃飯。如果不是因為禮貌，我真的很想取消約會。開車去市區途中我默默無言，太太很理解我，沿途安靜地坐在乘客位。從停車場出來走到街上，在遮打道等紅綠燈過馬路時，有一輛轎車慢慢地駛過來，那是輛 BMW 的 X5。不知為何，它引起了我的注意，在街上這類汽車一般是不會引人注意的。我記得它的顏色是深色的，但絕對不是黑色，車身在街燈下閃閃發亮。當我看到這輛車的車牌時，不，幾乎就在看到的同一瞬間，我有一種全身被「打通」的感覺：街上的景物頓時變得明亮了，街上的一切也變得安靜了，那塊壓在心口的大石，一下子被某種能力挪開。

　　我的身體頓時獲得了某種能量，我不清楚那是什麼。它是那麼強烈、明顯，它使我全身再度充滿活力，它使我有選擇的勇氣，並面對所選擇的一切。它使我相信現在和未來是光明的。

　　那輛 X5 的車牌是：「hope」（英文意為希望）。

第十二章
無為而治

「在治療癌症方面面臨最大的挑戰是，想短期內獲得
大量患癌的人不去治療癌症會發生什麼事的數據，然
後根據這個數據去發展更有效的治癌藥物和方法。」

治療

　　人是固執的、任性的、偏見的、不合理的，就這些來看，動物可比我們「乖」多了。癌症就是一個人（人類），選擇並堅持可能會致癌生活的結果；是不尊重、忽視自己健康的結果。諷刺的是，一旦發現自己患了癌症，這些人慌慌忙忙地又變成最關心健康、最愛護身體的人了。

　　被醫生確診為癌之後，在採取用什麼方法和心理去治療癌症，有這麼幾類患者和家屬：

　　「摸石過河」，他們對任何療法都不全信，也不會不信，在幾乎眼花繚亂的治癌方法中，他們能夠冷靜地觀察和總結，慢慢找到似乎相對有效的療法。

　　「無為而治」，他們知道自己患上的是什麼病，在感到意外的同時，他們卻不執著，不會四處找名醫。他們只關心一個問題，怎樣把癌症對自己生活的影響降到最低；另外，他們仍然相信人生總有意外。

　　「精神比藥物重要」，他們是渴求生存的人，不言敗、不氣餒的人。他們相信，意志加藥物就等於成功了一大半，因此，在治療期間非常積極和樂觀，讓自己的身體開足馬力。

　　「勿失信心」，無論採用什麼療法，他們都難掩飾焦慮，因此，他們需要信心。他們的信心並不一定是建立在非成功不可的目

標上，而是希望自己不失信心地去面對一切、接受一切，帶着信心經驗一切；包括那最後一刻。

何止這幾類？

其實我想說的是，在從不關心、不尊重自己的健康以至生病、到生了病變得特別關心、愛護自己的身體的同時，你對自己的身體有多了解呢？如果你不了解，或有誤解，你又怎樣能幫助自己的身體呢？

我敢打賭，你在「生病了」的時候，得到的全部有關身體的資訊，大都是你的醫生講給你聽的。

問題可能就是出在這裏。

你不小心被刀割傷了手臂，傷口長達 5 厘米，毫無疑問得去醫院縫針。成功做好這個小手術之後的數日，你的傷口癒合了。幫你縫針的那個外科醫不會告訴你，你的傷口是如何癒合的。他最多要求你暫時不要做激烈動作，不要讓患處碰到水等等；最後，可能要求你覆診一次。其實，你的傷口能癒合，和這個外科醫生所做的，沒有必然的聯繫。他只是把你那分開的皮肉用線縫起來，傷處真正的痊癒，是由於人體皮膚、腹膜表面的自生、黏附性而痊癒的。

倒霉的士兵

越戰時，美軍軍醫在搶救內臟受到嚴重子彈或炮彈碎片所傷的

士兵時，他們發現自己在最初犯了嚴重的錯誤。軍醫們在士兵受傷的現場或搬運的直升機上，為那些士兵做止血或急救手術，結果卻出乎意料之外。有些「倒霉的」沒來得及做止血或急救的士兵大都生存了下來，反而那些「幸運的」及時在現場得到治療的士兵，大都沒能活下來。專家後來才醒悟，人體在受傷時，有絕佳的自療能力。受傷的地方，它會自動癱瘓自己，使血液或排泄物不能流通，同時腹膜充分發揮它的黏附功能，在四五個鐘頭之後，傷處便合口了。後來美軍軍醫在戰場上處理這類傷兵時，謹守一項原則：在把這類傷兵從現場用直升機送到基地或航空母艦時，完全「不理」他們，等他們的身體自行止血，之後才做進一步治理。

如果你相信上帝，相信祂給了人類愛、思想、意志等這些奇妙的屬靈事物，那麼你也該相信祂會為我們設計一個奇妙的身體。

人類早已失去了耐性。我們等不了，我們想快點解決問題，而且是用「我們」的方法。駕車時，你試試在綠燈亮了之後停兩秒鐘不動，看看你後面的那輛車會怎樣？超級市場付了款之後，你留意一下收銀小姐，她是耐心地等你10秒鐘，好讓你把買的東西放進環保袋裏，還是在把收據交給你的同時，口裏已經喊着「下一位」了？不勝枚舉！

古時的印第安人，吃飯睡覺都沒有定時。他們餓了就吃、睏了就睡、精神了就打獵、遊戲，好悠閒，好自在。愈文明，規矩就多；連吃飯、睡覺都有了規定。如果譏笑印第安人過日子過得好像動物一樣，那你們的朝九晚六、一日三餐又能活出個什麼樣子呢？

只不過是一群比他們忙得多的動物罷了。所謂文明的一日三餐，還不是讓你們吃出一身的膽固醇、高血壓和癌症。我不肯定古印第安人的日子究竟有沒有煩惱，但我肯定你們有着不少的憂愁。想想那些心理醫生的收費吧！

人生不是賽車啊！賽車手為了在賽道上做出最好的圈速，不得不把手裏的賽車催谷至極限。人生是天上的白雲。白雲會隨着風在改變形態，會隨着風速，邁開自己的步伐。

不幸加上不幸，人類在治療癌症時，一樣沒有耐性；一開始就沒有。

如果告訴人類「沒耐性」不單治不了癌症，反而還會致癌，不知他們會不會放慢腳步？

治癒權在身體

我們生了病，從來就沒有給身體一個機會，用自己先天的維生能力治理疾病。我們生病了，醫生就是唯一的出路。醫生唯一的做法，就是開藥給你。我們一點都不懷疑這種做法的合理性，因為在我們開始懂事的時候，我們就是被社會這樣教育的。我不否認醫學的重要性，如果它是真正醫學的話。

從一個單純的傷風，到致命的癌症，身體都能做到它能夠做的淨化、修復工作。然而，醫生卻用藥物（特別指西藥）這種科技的產物，用抑制症狀的手段把它削弱或是中斷了，從而窒息了身體這

個天生的維生功能。例如癌症是不可能在一個先天防禦及修復功能完備的身體上發展的。反之，它只能存活於能促使它們生長的「特殊」環境中，這個環境就是那些殘缺不全的自我防禦和修復功能的身體。

這個用藥物干擾身體自我修復過程，導致兩樣令人擔憂的結果：首先由於我們清楚感覺到症狀舒緩了（例如退燒或止痛），便以為病被治好了，失去了清除這次疾病的機會，因此這種「短暫」的康復，往往是許多慢性病的誘因和種子。其次，我們會把病了就要看醫生吃藥概念化、生活化。後者最令人關注，因為在這個問題上，人類已經是「病入膏肓」了。

我的愚見是，醫學的真諦是如何幫助人類更有效地利用人體自身這種奇妙的自癒能力。

這也是西醫面臨的、不可避免的挑戰！西醫應該了解，身體的每一部分是知道整個身體的現在和將來的需要的，而且會在必要的時候，作出相應的調整。醫學的最終目標就是依照這個規律和目的去發展。

目前，已經走出「四方城」的科學家和腫瘤醫生們，在治療癌症方面面臨最大的挑戰是，想短期內獲得大量患癌症的人不去「治療癌症」會發生什麼事的數據，然後根據這個數據去發展更有效的治癌藥物和方法。

為了活得明白，我探索生命

為了活得明白，
我探索生命

作　　者：王南

責任編輯：Zeny　Long

封面設計：Sam Wong

版面設計：Karen

出　　版：明文出版社

發　　行：明報出版社有限公司

　　　　　香港柴灣嘉業街 18 號

　　　　　明報工業中心 A 座 15 樓

電　　話：2595 3215

傳　　真：2898 2646

網　　址：http://books.mingpao.com/

電子郵箱：mpp@mingpao.com

版　　次：二〇二三年十二月初版

I S B N：978-988-8828-93-7

承　　印：美雅印刷製本有限公司